中公新書 2606

岡田暁生著

音楽の危機

《第九》が歌えなくなった日

中央公論新社刊

まえがき

二〇二〇年二月下旬、一週間のイタリア出張があった。予定通りにナポリとローマの図書館で資料調査をし、オペラとコンサートを聴いた後、ミラノへと移動した。二十二日、初めての新型コロナウイルス感染症による死者が出たといって、テレビが大騒ぎを始めた。翌日、ほとんど唐突とも思える素早さで、スカラ座やファッションショーをはじめとする催しが急遽(きゅうきょ)中止され、学校の閉鎖が告げられた。この時点では「ちょっと騒ぎすぎじゃないか」などと思いながら、仕方なく次の日にミラノから帰国した。まさか、その後イタリアでコロナ禍の被害が拡大し、欧州で最も早く死者が一万人を超えるなどとは、思いもしなかった。それに前後して、日本でも二月二十六日に大規模イベント自粛の要請が政府から出され、次第にライブやコンサートの数は減っていき、四月七日の緊急事態宣言発令を経て、いつの間にか何もなくなった。

三月七日、八日に予定されていた、滋賀県立芸術劇場びわ湖ホールでのワーグナー『神々の黄昏』公演も、直前になって中止となる。このとき主催者側は無人上演を敢行し、ライブストリーミングを二十万人以上が視聴するなど、大反響を呼んだ。これはその後、みながこぞってやるようになったユーチューブによるライブ配信の先駆けであり、大変な英断であった。ただし、公演キャンセルによって、チケット料の払い戻しだけでも六千万円前後の赤字が出たといわれ、「話題になること」（今流にいえば「共感を呼ぶこと」）だけで、経済的負債をカバーすることは難しいという冷酷な事実も目の当たりにした。七日の公演に少数の関係者の一人として同席することを許されたわたしは、尋常ならざる状況の緊張感の中で鳴らされる、ほとんど「神がかり」と形容したくなるオペラの出来栄えに、強い感銘を受けた。しかしそれ以来四ヵ月近くにわたって、わたしは「生」の音楽をまったく耳にしなかった。

コロナ禍は、まるでレントゲン写真のように、人間社会が暗黙のうちに前提としてきた「当たり前」の本質と脆さをあぶり出した。音楽も例外ではない。例えば、「音楽は人が集まらないとできない」という常識。これがどれほど危うい前提のうえに立つものか、今回の事態を通して痛々しいほど露わになった。ほかにも「非常時において、音楽は遊興風俗と十把一絡げにみなされ、自粛を強いられる存在でしかない」ということ、「これまでのコンサートライフは巨万の富を生み出す一大産業だった」ということ、「大都会住人は毎日が祭りのような娯楽生活を送ってきた」ということ、「感染症対策で忌避される三密（＝密閉・密集・密接）こそが音楽の母胎だった」ということ、等々……。本当は以前からわかっていたはずなのに、今さらのようにこんなことを実感したわたしは、初めて真剣にその意味を考えるようになった。

コロナ禍が急速に世界に広がり始めた一ヵ月後、『コロナの時代の僕ら』（早川書房）を出したイタリアの作家パオロ・ジョルダーノはいう。天災は「普段であればぼやけて見えない真実に［われわれを］触れさせ」るが、「病気が治ったとたん、そうした天啓はたちまち煙と化してしまう」（一〇八ページ）。してみれば、「禍中に考えたこと」をなんとか忘れないように書き留めておくことは、とても重要なことなのではないか。異常な状況の中で、「ああ、そういうことだったのか……」と、初めて強いアクチュアリティをもって物事を感じられるという経験は、誰しもあるだろう。しかし、平時に戻ると人はあっという間にそれを忘れる。だからこそ、先が見えない現在進行形の状況の中で、それを書いておくことに意味がある。かつての非常時下――例えば一九九五年の阪神・淡路大震災や二〇一一年の東日本大震災――で一度ならず頭に浮かんだはずなのに、日常が戻るとともに忘れてしまったこと。こうしたことを本書では敢えて強く意識化してみようと思う。

本書は「音楽と近代社会のありよう」について考察しようという試みである。全体を通した焦点は二つ。一つは「これまでの社会は、音楽について何を自明とみなしてきたか」を問うこと。そして、二つ目は「音楽の中に示唆されている、いろいろな社会モデルの可能性を読み解く」ということである。音楽はただの娯楽ではない。往々にして、そこには作者すら意識していなかったさまざまな思考形式の可能性が、暗号のように封じ込められている。その中には、平時であれば気づかなかった（打ち消していた）ようなものも多い。従来素通りされていて、しかし非常時にこそその意味がわかるような隠れたメッセージを、音楽の中から読み取りたい。

本書の大部分は、いわゆる緊急事態宣言下にあった二〇二〇年四月から五月にかけて執筆された（終章のみ、少しずつコンサートも再開され始めた六月後半に書かれた）。このわずか一ヵ月の間にすら、状況は刻一刻と変化し続けた。もちろん、これからも変化し続けるであろう。ひょっとすると数年後には、執筆時に想像もできなかった状況が出現しているかもしれない。あるいは逆に、何事もなかったかのように平時が復帰しているかもしれない。どちらにしても、後から振り返ったとき、「事態を見誤っていた」との批判を受けるリスクは少なからずあるということだ。だが、状況がある程度落ち着いてきたのを見極めてから、それを「客観的に」論じるということを、わたしはやりたくなかった。「後出しジャンケン」はしないでおこうと決めたのである。

わたしは「音楽とは、人々が集まって一緒にやる、一緒に聴くものだ」と固く信じている。しかし考えれば考えるほど、これまで何千年と続いてきたこの人類の風習に、何か決定的な変化が起きかねない状況が訪れているという予感がしている。これが杞憂に終われば幸いだ。しかし事態が元通りに復旧したとしても、コロナ禍の数ヵ月の間、世界中で「生」の音楽が「消えた」という事実、そして音楽がなくなるかもしれないという危機が目の前にあったということを、伝えていく意味は大きいと思う。

本書がみなさんにとって、「一緒に集って聴く生の音楽」を愛しく思うきっかけになることを願っている。

音楽の危機†目次

《間奏》　非常時下の音楽――第一次世界大戦の場合

音楽の危機　《第九》が歌えなくなった日

第一部　音楽とソーシャル・ディスタンス
——巷・空間・文化

2020年６月10日，愛知県芸術劇場でのコンサート．全1800席に対して観客100人限定での開催．コロナ禍による休館以来，３ヵ月ぶりの公演だった
提供：岡本沙樹／中日新聞社

第一章　社会にとって音楽とは何か――「聖と俗」の共生関係

近代市民社会は「文化」と「非文化」を峻別してきた。「芸術」とされるものが公的ホールなどで恭しく披露される一方、そこからあぶれたものの多くが、芸能や風俗や遊興のレッテルを貼られて「巷」に追いやられてきた。しかしコロナ禍は芸術／非芸術の区別など委細かまわず、「三密空間」における人の営みを停止させた。今こそ思い出すべきは、芸術と呼ばれてきたものと芸能・風俗・遊興とが、いかに深く共生関係にあるかということだ。これらはいずれも「閉じた空間で見知らぬ人たちが肩を寄せ合う」という、人間の生の根源にかかわる営みなのだ。

劇場と図書館とパチンコがひとまとめになるということ

従来のわたしたちの生活様式の自明、当たり前すぎて意識すらしていなかった前提を、コロナ禍はあからさまな形で露呈させた。それはふだん見えるはずもない海の底が、突然干上がってむき出しになるような経験であった。そして音楽をする「空間」に関していえば、「コロナによって突如として崩れた自明の前提」とは、つまるところ「三密」だったといってもいいだろう。周知のように三密は「密閉・密集・密接」の略であり、コロナ禍が深刻となった四月以後、この標語を見かけない日はなかった。二〇二〇年五月四日の安倍首相の記者会見でも、「感染拡大を予防する新しい生活様式」が提唱され、「三密回避」と「ソーシャル・ディスタンス」が強く要請された。感染防止のため、密閉空間に大勢で密接して集まってはいけないとされたのである。しかるに今回わたしたちは、「三密」を回避していては、従来のような形でのライブ音楽がほとんど成立しなくなることを、皮肉きわまりない形で思い知らされた。感染拡大を受けて四月七日に政府から七都道府県に対して出された緊急事態宣言においては、劇場やホールやライブハウスやカラオケ店に当然のように自粛要請が出され、同時期にすさまじい勢いで感染が広がったヨーロッパにおいても、ライブの音楽活動はすべて停止になった。

もちろんコロナによって自粛を余儀なくされたのは音楽だけではない。それどころかコロナ禍は、「三密空間」という共通分母によって音楽が、平時なら思いもかけないような他ジャンルとひとくくりにされるという事実をも、わたしたちの眼前に突きつけた。なんとなくそのときは納得してしまったものの、二〇二〇年四月七日の緊急事態宣言の際に、一括して休業要請が出されたのはよく考えると意外な業種に対してだったのであり、それは例えば劇場や図書館とパチンコやライブハウス、映画館や美術館とマンガ喫茶やゲームセンター、体育館と性風俗といった具合であった。また休業要請こそ出されなかったものの、実質的に要請されたも同然となったであろうものとして、飲食店や学校もそうだが、冠婚葬祭の類や宗教的集まりなども挙げねばなるまい。また京都では多くの有名寺院が拝観停止になった。

美術館と図書館とライブハウスと性風俗――とりあえずこれらの共通分母は「三密」と「不要不急」である。「生命維持にとって特に緊急でない限り、密閉された空間に大勢で集まるのはやめましょう」ということだ。だからわたしたちは「パチンコと美術館に対して同時に休業要請」と聞いてもなんとなく納得する。「まあこういうものは不要不急の娯楽だから……仕方ないか……」というわけである。しかしながら、それでは果たして冠婚葬祭や拝観や学びの場もまた、わたしたちにとって不要不急だったということになるのだろうか？――まさか。人類始まって以後、戦時下にあってすら、これらが絶えたことなど一瞬もなかったはずだ。そしてまた翻って考えるべきは、音楽や芝居が人間にとって果たしてただの娯楽だったのか、本来それらもまた人間の生の根源にかかわる営みだったのではないのかということだ（「《間奏》非常時下の音楽――第一次世界大戦の場合」を参照）。

これまでどんなときも一度も途切れたことがなかったはずの人間の「三密」の営為が、軒並み「不要不急」のレッテルを貼られて自粛に追い込まれた。後にコロナ禍が文明史的に前代未聞の衝撃として記憶されることになるとすれば、間違いなくその要点の一つはここにある。それがあったからこそ人間が人間——単なる生命体以上の何か——であってきたはずのものを、わたしたちは衛生的見地から自主的に放棄せざるを得なくなったのだから。

「文化」の起源を考える

今回の事態を端的にいうなら、それは「文化」がウィルスとそれについての衛生学的知見（フーコーなら生政治というかもしれない）の前に屈したということなのだと思う。猛獣と違って人間は一人では生きてはいけない。「三密空間」はこの人間存在の核心にかかわる事柄だ。人は特別な場所に集って肩を寄せ合うことを通して、これまでなんとか生き延びてきたのであり、今でも何か危機が迫ってくると反射的に狭いところで肩を寄せ合おうとする。それはまさに広い意味での「ともに祈る」行為であったはずだ。

コロナ禍で自粛要請が出された職種には、わたしたちのこうした人類学的な遠い過去の記憶がかすかに残っているものが少なくない。劇場も図書館もカラオケも、たとえ現代においてどんなに世俗化されてわかりづらくなっていようとも、「特別な場所に集ってともに祈る」という人の古い本能と深くかかわっているだろう。芝居もライブハウスも競馬も野球観戦も、人が恋しくて集まる空間という一面があり、ファンが全員でともに祈る空間でもあっただろう。こうしたものの総体をわたしたちは「文化」と呼んできた。しかるにコロナによってわたしたちは、よりによって最も不安で人恋しいときに、その不可欠の前提である三密空間を手放さざるを得なかった。

文化人類学に「聖と俗」という二分法がある。最も知られているのはデュルケームの『宗教生活の原初形態』、カイヨワの『遊びと人間』、エリアーデの『聖と俗』あたりの議論だろう。人間社会の起源についての根本理論として「聖／俗」は、今まで多くの人類学者の中心的関心事となってきた。それは「聖＝宗教的なもの」と「俗＝日常的なもの」の二分法であって、前者を俗世界（日常世界）から分離され聖別されたものと考える。例えばエリアーデは、「俗」の世界が均質かつ中性的でどこまでも広がる幾何学的なものであるのに対して、「聖」の世界は不均質で周囲から断絶されているという言い方をする（『聖と俗』法政大学出版局、主として一四ページ）。周囲から切り取られ、囲い込まれている。まさに「三密」である。わたしが右に広い意味での「文化」と呼んだものは、ほぼ聖俗理論でいう「聖」の領域に属する。

例えば特別な儀式に際してのみ開帳される秘仏のようなものを考えればいいだろう。それらをみだりに見たり触ったりしてはいけない。特別な機会にしか目にしてはならない。あるいは、秘儀と違って一見開かれているとみえる祭りもまた、特定の時間／空間への人々の囲い込みだ。だから縁日の射的を平日のオフィス街（もちろんこれは「俗」の均質で中性的な世界である）でやったりしたら、つまり日常世界の中へ持ち込めば、おかしな目で見られることにもなる。聖なるものは禁止＝タブーの対象であり、日常から分離された特別な時間／空間においてだけ、経験を許される。そして密閉された時空の中で人々は、肩を寄せ合いながら特別な場の空気を共有する。

今日のわたしたちは、いわゆる「文化」を芸能や風俗や遊興から峻別する。「美術館はゲームセンターとは違う」と考える。「文化の殿堂」といった言い方があるように、文化は神聖なものであって、対するに遊興・賭博の類は「俗」なものというわけだ。しかし聖俗理論に照らすと、面白いことがわかる。平時において人々が「文化」と思っているものの多く、そして同じく平時において（大なり小なり蔑みをもって）「風俗（娯楽、遊興、芸能など）」のレッテルを貼っているものの多くが、文化人類学的にいえばどちらも同じ「聖」の領域にルーツをもっているのである。

芸術とスポーツの起源の多くが宗教儀礼にあることはいうまでもあるまい（例えばオリンピックや相撲）。冠婚葬祭などの祝い事や弔い事はもちろんである。図書館のルーツも宗教的なものであって、例えば中世の修道院図書館は秘儀的な空気が立ち込める密閉された空間だった（ウンベルト・エーコの小説『薔薇の名前』の舞台にもなった）。実験科学の遠い祖先が錬金術の秘儀であったことも忘れてはなるまい。そして祭りにはしばしば賭け事と性愛がつきものだったことも周知の通りである。かつて賭場は寺社仏閣で開かれていたし（縁日の射的やスマートボールなどはこの風習の名残りではなかろうか）、性愛といえばカーニヴァルは集団的な性的エネルギーの放出であり、古代日本でも歌垣は集団的呪術的求愛の場だった。神託で有名だった古代ギリシャのデルポイ神殿の巫女が、いわゆる「神聖娼婦」であったことも付言しておこう。賭け事が占いにとても近いところにあることにも注意をうながしておきたい。神社のおみくじを思い出せばいい。占いはサイコロ遊びのような一種の博打であると同時に、予言でもあったのだろう（増川宏一『賭博』法政大学出版局を参照。この本は賭け事の文化史として非常に面白い）。

こんなふうに考えると、劇場とスポーツ施設とパチンコと冠婚葬祭と性風俗が非常時にあってひとくくりになるというのは、実は人間の営みのとても深いところにある何かにかかわっていることがわかってくる。エリアーデは世俗化／脱宗教化された大多数の現代人が、実は宗教的なものからまったく解放されていないとして、彼らが「戯画にまで歪められ、したがってそれと認め難くはなっているものの、やはり宗教的魔術的な諸観念の瓦礫の山に往々埋もれている」と述べる（『聖と俗』一九六ページ）。今では「戯画にまで歪められそれとは認め難くなっている」（エリアーデ）せいで、「パチンコ→占い」などという連想は奇抜とも聞こえよう。しかし人類学的な起源をたどれば、法要もオリンピックもライブハウスもスマートボールも芝居も、すべて一つのところに行きつく。だからこそわたしたちは、これらをひとまとめにされても、あまり奇異にも思わず受け入れる。つまり祝い事や弔い事や賭け事は、どれも人々を特別な密閉空間の中に囲い込んで、大なり小なり「濃厚な」身体接触を通して、緊密な共同体を作り出す仕掛けだった。そしてそれこそが何千年もの間、「文化」というものの究極の本質であり続けてきたのだ。

近代市民社会は文化と風俗を分離する

とはいえ、「パチンコ→占い」とか「性風俗→古代の神聖娼婦」などという連想は、平時なら働かなかったであろう。なぜかといえばそれは、近代世界が「文化」と「風俗」の間に厳密な線引きを行い、両者を無関係なものと見せかけようとしてきたからである。「文化」であるコンサートや美術展示は光に照らされた公的空間で正々堂々と。賭け事やキャバレーは風紀のよろしくないダウンタウンの闇空間で、隠微に半ば非合法的に。「よき市民」たちは、われわれの人類学的な下部構造に属する営みを、「得体が知れないもの」として市民社会の外に追いやり、市民社会の清潔な内部にそれらが入り込まないよう、細心の注意を払ってきた。「清潔化」（例えば禁煙などもその延長としてとらえられる）は近代社会の最大の目標の一つであったが、「芸術」と「芸／芸能」の区別もまさにその一環だったといっていい。本来一つのものだったかもしれない営為を、社会の内と外へ二分割したわけである。三密的な集いが清潔な公空間で行われるとそれは「文化」とされ、公空間の外部の治外法権的な場所で行われると「風俗」とされるということだ。

「文化」と「風俗」の分離といえば、コロナ感染が深刻化し始めたころ、あるニュースを聞いてわたしはいいようのない不快さを覚えた。所得減世帯に限って三十万円の現金給付を行うという政府の方針（その後全国民に一律十万円の給付となったことは周知の通りである）について、西村経済再生相が「風俗業も排除しない」（つまり公正を期す）といったことに対して、ある芸能人がテレビで「水商売のホステスが休業したからといって俺の税金から払うな」という趣旨の発言をし（四月五日）、賛否両論乱れてネットで大騒ぎになったというのである。とても気になってあれこれのサイトを見てみたが、彼の発言に共感を抱く人は予想以上に多かった。それが「自己責任」を振りかざして苦境にある人たちを切り捨てる近年の社会風潮と深くつながっていることは、容易に想像できた。「好きでやってんでしょ？」とか「自分で選んだ職業でしょ？」といった他人事（ひとごと）のような言葉がすぐに思い浮かぶ……。

こんな発言が平然となされる背後の暗黙の前提とはいったい何か考えてみる。一つはいうまでもなく、「まっとうな市民」の立場からの「夜の商売」へのあからさまな蔑みであろう。「俺の税金を使うな」という言い回しにあらわれているように、この場合の「市民」とはおそらく「しっかり税金を払っている人」（正規雇用とほぼ同義か）のことだ。これが「助けるのは市民だけでいい＝水商売／夜の商売／非正規雇用は助けなくていい」という話に簡単になってしまうだろうということについては、多言する必要はあるまい。

件（くだん）の「ホステスに税金から金を払うな」発言について思わず頭をよぎるのは、「文化人」という言葉である。「文化人」とは非文化に対して線を引く人のことだ。まさにそこにこそ自分が、そして文化が依（よ）って立ってきた生の基盤（生の下部構造）を、自分には関係のない他人事と切り捨てるのだ。そして実はこれこそ近代市民社会がしばしばやってきたことにほかならない。沈没船にたとえるならこれは、「俺は高い金を出しているのだから」とわれ先に助かろうとする一等室の客に似ている。件の芸能人の発言が不快なのは何より、それが近代の典型的な「いやしからざる市民／文化人」による清潔化の目線で口にされたものだからなのだ。

交響曲とコンサート制度の原記憶

文化と風俗を峻別したがる近代市民社会は、十九世紀以後、「清潔」に保たれた都市の

「内側」に、いろいろな文化施設を建てたがった。美術館、博物館、劇場、そしてコンサートホールである。パリもウィーンもロンドンもベルリンも東京（上野）もすべてそうだ。他方、社会公認ではない三密空間の集いは残らず「巷」に追いやられた。そして音楽についていえば、「コンサート」という制度／空間、そしてコンサートの目玉としての「交響曲」のジャンルこそ、「文化の殿堂」として近代市民社会が考える「文化」のアイコンであった。交響曲とコンサートはフランス革命以後の社会――われわれが今日なおその最末期を生きているのかもしれないそれ――が生み出したものであり、それ以前にこんなものはなかったのである。そもそも「特定の日時に開かれる音楽の集いに、対価を出してチケットを買って参加する」という発想に、すでに民主主義（金を出せば誰でも入れる）および資本主義（金の対価としての音楽経験）とのパラレルがあることは明らかであろう。

しからばコンサート誕生以前に人々はどのように音楽を聴いていたか。民衆音楽はもっぱら「祭りの日にみんなが参加して」という形態だっただろう。そしてわたしたちが今日「クラシック音楽」として知っているところの音楽を聴くことは、かつては原則として王侯貴族の特権であって、彼らの音楽鑑賞の形式とは、例えば宮殿に客を招待し、自分の威信誇示の場として音楽を催させるといった種類のものであった。ヘンデルの『王宮の花火の音楽』や『水上の音楽』といったタイトルは、絶対王政時代の音楽がどういうものだったかを、端的にあらわしている。優雅に宮殿で花火大会を催しながら、テムズ川で舟遊びに興じながら音楽を聴くのである。

しかしながら近代市民社会は、こうした巨万の富だけが可能にする優雅なる寡占を、少なくとも理念の上では許さなかった。だからこそ、音楽を愛するすべての人に分け隔てなく開かれる「コンサート」という制度が生まれてきた。それは平等な市民社会の鳴り響くシンボルだったのであり、その意味で「美術を愛するすべての人に開かれた」近代の美術館にぴったり対応していた。世界初の美術館の一つとして知られるルーヴルが、フランス革命を機に王宮の一部を市民たちに開放する公的施設として誕生したことは、あまりに有名である。

実質的に音楽史で初の「コンサート」の契機として記憶されているのは、十八世紀末のハイドンの二度にわたるロンドン旅行である（一七九一―九二年および一七九四―九五年）。破格の好待遇を受けた彼は、ヨハン・ペーター・ザロモンという人物が企画した「コンサート」――音楽史でおそらく最初のコンサート――の目玉として、『ザロモン・セット』と呼ばれる十二曲の交響曲を書いた。これが交響曲の形式のその後のフォーマットを確立した。コンサートというハードに対するソフトが交響曲だったのである。そしてハイドンによって確立された、近代市民社会の鳴り響くシンボルとしての交響曲の威信を決定づけたのが、ベートーヴェンにほかならない。とりわけ彼の交響曲第三番「エロイカ」（一八〇四年）、第五番「運命」（一八〇八年）、そして何より第九番（一八二四年。一般に《第九》の愛称で知られる）は、音で表現された市民集会ともいうべきものであり、市民社会の勝利を歌う頌歌（オード）であった。

二十世紀前半にドイツで活躍した極めてブリリアントな音楽批評家パウル・ベッカー（一八八二—一九三七）は繰り返し、ベートーヴェンによって確立された交響曲のジャンルの本質とは、「社会を作り出す機能」にあったと述べている（例えば名著『西洋音楽史』河出文庫を参照）。市民がホールに集い、音楽に耳を傾け、自分たちの絆（きずな）を確認する——それが交響曲の社会的な役割だったというのである。周知のようにベートーヴェンの《第九》終楽章では合唱まで加わり、「さあ抱き合え！」とくどいほど繰り返される。それは一つの新しい社会の輪が作られたことを祝う祭典だ。世界中の人々が兄弟になるのである。《第九》はある意味で「We are the World」の十九世紀版にほかならなかった（クインシー・ジョーンズやマイケル・ジャクソンが参加した「We are the World」は、冷戦終結の少し前の一九八五年に、アフリカの飢餓を救うためのキャンペーンソングとして作られた）。

もちろん素晴らしい理念ではある。しかし「抱き合え、幾百万の人々よ！　このキスを全世界に！」という《第九》の熱烈な呼びかけに、かすかな（かなりの？）押しつけがましさを感じる人も少なくはないだろう。実はわたし自身も昔から《第九》は苦手だった。優等生的な「良識」を容赦なく強要してくるなどといういいすぎだろうか。しかし友愛の輪の中で一人疎外感を感じてしまうような人間をはじき出す空気が、確かにそこにはある。これこそいやしからざる市民社会に固有のもの、巷という雲間の上に「文化の殿堂」として屹立する公式文化に特有の息苦しさだ。あまりに立派すぎる。あまりに清潔すぎる。あまりにもきれいごとにすぎるのだ。しかしまさにそれこそが、市民社会における大文字の「文化」の本質なのである。

アドルノの《第九》批判

ここで思い出されるのが、ベートーヴェンの《第九》についての、テオドール・アドルノ（一九〇三—一九六九）の辛辣な言葉である。彼は生涯ベートーヴェンについての大部の著作を構想しながら果たすことはなかったが、これはそのためのメモにある言葉である（いみじくも第二次大戦直後の一九四五—四七年に書かれた）。アドルノいわく、「ヒトラーと『第九交響曲』。だから包囲しあうがいい、幾百万の人々よ」（『ベートーヴェン　音楽の哲学』作品社、一二三ページ）。いうまでもなくベートーヴェンの第九交響曲の終楽章、シラーの頌歌に基づく合唱の一節「さあ抱き合え、幾百万の人々よ」のブラックユーモア的なもじりである。それによってアドルノはまさに《第九》の中の市民社会的コレクトネス性を告発しているのである。

もちろん彼はナチス時代のドイツ市民が殺人鬼だらけだったなどといっているわけではない。アドルノが問題にしたがっているのはおそらく、ごくふつうの極めて立派な市民たちがナチスを容認し支えていたということだ。伝説の女性映画監督レニ・リーフェンシュタールによるナチス党大会の記録映画『意志の勝利』(一九三五年)は、悪魔的なまでの見事さでもって、立派なドイツ市民たちの融和を演出している。しかしアドルノのアフォリスムは、彼らの友愛が排除によってこそ維持されていると示唆する。何かのバランスが崩れると幾百万の「きちんとした市民」は簡単に互いを包囲し合い憎みあう。

《第九》についてアドルノはもう一つ、やや長めのメモを残していて、こちらを読むと彼の意図がさらによくわかる。ベートーヴェンが《第九》フィナーレで作曲したシラーの頌歌には思わずぎょっとするような一節があって、そこをアドルノは見逃さない。

「市民的ユートピアは、完全な喜びというイメージを考える場合、かならずやそこから排除されるもののイメージのことも、考えざるをえなくなる。〔中略〕《第九》のテキストとなっている、シラーの頌歌『歓びによせて』においては、「地球の上におけるたった一つの心でも、自分のものとよべるものは」、つまり幸福に愛し合うものは誰でも、輪のなかへと引き入れられるとしている。「しかしそうした心を持たないものは、涙しながらわれらの集まりから、こっそりと立ち去るがいい。」〔中略〕シラーによって罰せられている孤独は、彼が言う歓び（よろこ）の人々たちからなる共同体自体から、生み出されたものにほかならない。こうした共同体においては、年老いた独身女性やさらには死者たちの心は、一体全体どうなるのであろうか」（前掲書五〇ページ）。

アドルノが注目している《第九》の合唱の箇所は、ドイツ語で次のようなものである。

Ja, wer auch nur eine Seele
Sein nennt auf dem Erdenrund!
Und wer's nie gekonnt, der stehle
Weinend sich aus diesem Bund.

そう、ただ一つの魂も
この世界で自分のものだと言えない人は
そしてそれができなかった人は
この輪から泣きながらこっそり立ち去るがいい

意訳するなら、「魂を共有できるただ一人の友も妻もこの世にいない者は、この集団から泣きながら出ていけ！」となるだろう。市民社会の歓喜は「仲間外れ」を作ることで維持されてきた、ヒトラーといわずすでに《第九》の中に、はっきりこの市民社会の原記憶は刻まれていたと、アドルノはいっている。衛生的に保たれたコンサートホールという文化の殿堂に不特定多数の「巷の人」は入ってきてはいけない――これが近代市民社会の隠れた本音だったと、彼は示唆しているのである。

城塞の「中」の人としてのブルジョワ

「市民＝ブルジョワ」の語源は「城塞（Burg）」である。ドイツ語の市民（Bürger）ももちろん同じだ。ヨーロッパの都市のほとんどは城塞起源で、周囲を城壁で囲まれていた。市民とはこの城壁の内部に住む人々（もちろん貴族僧侶は除く）のことだった。言い換えれば、城壁の外に住む人々は市民とはみなされていなかった。戦争が起きたとき、市民は城壁の内部に立てこもれるが、外にいる人たちは見捨てられる……。

近代以前における城壁外の人の代表といえば、まずは農民（あるいは狩人）であろうが、ここでは定住地をもたない人々、さすらい人、よるべなき流浪の民について考えたい。それは例えば放浪の行商人であり、大道芸人であり、ハーメルンの笛吹き男的な旅の楽師らであっただろう。こうした職種には伝統的にユダヤ人が多く、例えばウィーンでも十八世紀まで、彼らは昼の間だけ城壁内に入ることを許された（十九世紀になるとカトリックに改宗した人々のみ城壁内に定住することができるようになった）。祭りの日にどこからともなくふらっと町にやってきて、大道芸や音楽や踊りや占いをしてみせ、再びふらりとどこかへ消えるロマの人々のイメージも同種のものである。例えばビゼーのオペラ『カルメン』（一八七五年）はそのアイコンである。シューベルトが執拗なまでに「さすらい人」を描いたことも忘れてはならない。また日本でいえば渡世人と呼ばれる人々がそうであり、おなじみの寅さんも木枯(こがら)し紋次郎(もんじろう)もこうしたアウトサイダーであるし、芭蕉(ばしょう)もいわば「よくわからない旅人」であった。

音楽家にはたとえどれだけ「有名指揮者」とか「音大の有名教授」として社会的に認知されていようと、ふとした会話の合間にさも当たり前のように、「俺たちは水商売だから」「俺たちは堅気じゃないから」と漏らす人が少なからずいる。芸術／芸能を生業(なりわい)とした以上、社会のアウトサイダーであり続けることは宿命であると同時に矜持(きょうじ)であり、芸術家がインサイダーなんかになったらおしまいだと、彼らは思っているのであろう。たとえ世間から「芸術家」と恭しく呼ばれていようとも、芸術家とはすなわち「芸に生きる者」だと。

社会という名の城塞の外にいるからこそ、芸術／芸能に生きる人たちは社会の中の人たちに夢を与えられる。日常の外の異界からの誘(いざな)いほど蠱惑(こわく)的なものはない。そして彼らはまた、社会を「外」の視点から見ることができるポジションにいる人たちでもある。「中」に生きるマジョリティの人々には見えなくなっていることが、彼らにはきっと見えるのだ。音楽を含む芸術／芸能が単なる娯楽ではなく、しばしば時代と社会についての透徹した洞察にもなりうるとすると、それはまさに彼らがアウトサイダーだからなせることであろう。

しかし彼らはまた、いざ何かことが起きたとき、真っ先にあおりを受ける弱き人々でもある。「まっとうな堅気」ではない「怪しい人」のレッテルを貼られるリスクが極めて高い位置にいる。門を閉じた城壁内の人々は「あいつ怪しいぞ！」と叫ぶ。今日の用語でいえばマイノリティを血眼で見つけようとするのだ。しかしながらこの「怪しさ」もまた、芸術／芸能の抗えぬ魅力の源泉でもあるだろう。それはわたしたちを「今ここ」とは違う世界へ、異界へと誘ってくれる。また芸能に携わる人たちは往々にして、「よるべ」がないポジションにあるからこそ、同じようによるべなき人々への深い共感と想像力が働く。社会のあらゆる人々に何かを感じさせる力を及ぼすことができる。

「水商売に税金から補助などするな」といった発言、そしてベートーヴェンの《第九》におけるあまりにも立派で晴れがましい「よき市民」の集い——両者には何かが共通している。それはおそらく、どちらも「文化になりすぎている」ということだ。しかし非文化扱いされがちな「地面」が涸れ果ててしまっては、花は咲かないだろう。そして花を根から切り離してしまえば、いずれ枯れるただの切り花だ。

「巷」——文化が発酵する場所

右に見たように、今日「芸術」と呼ばれているものの多く、そして「芸能・風俗・遊興」とされるものの多くが、三密空間を前提とする営みとしておそらく共通のルーツをもっている。そして近代社会がどれほどやっきになって前者を清潔化し、「文化」として後者から差異づけようとしても、濃淡の差こそあれ文化の中に風俗的なものの痕跡ははっきり残っている。例えばヨーロッパの多くの由緒あるオペラ劇場に行けば、そんな気配をなんとなく感じるはずである（日本の歌舞伎でも事情は同じだろう）。かつてオペラ劇場は王侯貴族の威信誇示の場であると同時に、裏でルーレットや密会や売春が行われる場所でもあった（拙著『オペラの運命』中公新書を参照）。ウィーンのオペラ劇場の入り口に向かって左は王宮、そして右は今でもカジノだ。「密やかなうさんくささ」などというといいすぎかもしれないが、それはいわば清潔なプラスチック的無菌状態の対極にある何か、密閉された樽の中の発酵とよく似た何かのことである。極論すれば「文化」とは、人がある密閉された空間に集まって発酵した猥雑な空気が、やがて蒸留されエッセンスになるプロセスだとすらいえるのである。

コロナ禍が文化に大きなダメージを与えるとすれば、それは何より文化にとって不可欠なこの発酵作用に対してであろう。「学び」と「歌舞音曲」との深いつながりについて、DJ／作曲家の山中透がとても含蓄のあることをいっている（「苦境のライブハウス・クラブ」朝日新聞大阪本社版二〇二〇年四月十八日夕刊）。「クラブ関係者だけがつらいわけじゃないのは重々承知しているけど。／クラブやライブハウスは、学校の勉強だけじゃ生まれてこない大切な文化の熟成する場所です。〔それと同時に〕社会の中で抑圧された人々の孤独を和らげて、不満がリミットを超えないようにするための、息抜きの場でもある」（傍点筆者）。文化が文化として人を酔わせるためには、その上部構造と下部構造とが混然一体になって溶け合って熟す場が絶対に必要であり、それは狭義の「お勉強」では学べないものを学ぶ場であり、それどころか、こういうものを知ることまで含めて「学び」なのだというメッセージとして、わたしはこれを読んだ。

古くから「芸術」というものは「芸の世界＝夜の世界＝水商売」と密接に共生してきており、それを揺籃の地としてきた。こうした「あいまいな」世界を愛着を込めて語り続けた人に、評論家の平岡正明がいる。チャーリー・パーカー、フラメンコ、山口百恵、新内節など、話題の広さは常に桁外れだが、ためしに彼の『大道芸および場末の自由』（解放出版社）というエッセイ集を手にとってみる。平岡が住む横浜の下町の流し芸人、冠婚葬祭、サンバ祭り、あるいは手回しオルガンとシャンソン、そして水滸伝、ロマ論、美空ひばり論、テキヤ、江戸研究家の田中優子や小説家の筒井康隆らとの交流等々――ちょっとした言葉づかいの息をのむ正確さによって、背後の半端ではない正統教養の厚みを垣間見せつつ、主語は常にオレ、文体は「やさぐれ」。

ここで描かれるところの、夜の繁華街に一瞬きらめいては沈んでいく芸の数々について、平岡はいう。「それらは直接には世界を動かさないが、世界を形成している無量無数のエレメントの一片である。／その無数のものが集まって巷の生活ができあがっている。人は孤立して生きているのではなく人と人との間で生きている。すなわち人間(じんかん)である」(前掲書、三三八ページ)。

平岡がいうところの「巷」にあぶくのように浮いては消える「じんかん」――これこそが日ごろ恭しく「文化」と呼ばれているものの土台だ。ミュージシャンも小説家もダンサーも芸人も、みんなこの「じんかん」の中を生きている。しかし発酵するものに対して忌避感をもつきれい好きの人は必ずいる。うさんくさい目で見られることは、ある意味で、発酵するものとしての文化の宿命なのかもしれない。だが文化が発酵する場である「巷」の切り捨ては、実は「じんかん」としての人間の自己否定にほかならない。何より懸念すべきは、近年のヒステリックなまでの清潔ファシズムと健康志向がコロナ危機によってさらに加速され、文化の発酵を徹底的に消毒してしまわないかということである。

たとえ地上では別のところに茎が生え、花が咲いているとしても、「芸術」と「芸能・風俗・遊興」の根は地下のどこかで分かち難く絡まりあっている。ほんの一例であるが、チャップリンやルイ・アームストロングのような偉大な芸術家を、果たして「芸人」から厳密に区別することができるだろうか？　根っこから切り花のように切断されてしまった上部構造としての芸術は、あっという間に萎(しな)びてしまうだろう。バルザックやマネが娼婦たちにひと

ピカソ作「腕を組んですわるサルタンバンク」(1923年). かつてウラディミール・ホロヴィッツが所有していたことで知られる. 偉大なピアニストは自分を曲芸師に重ね合わせていたのだろうか(現在はアーティゾン美術館所蔵)
提供：Philippe Halsman/magnumphotos

かたならぬ共感を抱き、ピカソが飽くことなく闘牛や大道芸人を描き、マーラーの交響曲で繰り返し辻(つじ)音楽師の哀れっぽいメロディが響き、フェリーニが愛惜を込めて大道芸人の営みを描き続けたことは、決して偶然ではないのだ。

「文化」が清潔パスポートをもった市民だけに出入りが許される空間になったりしたら終わりだ。巷を行きかう不特定多数の人々がぶらりと立ち寄り、肩を寄せ合ってひとときをすごす濃厚な場所こそが、文化の土壌となる。そして「肩を寄せ合う」とは「一蓮托生(いちれんたくしょう)」ということにほかならない。死なばもろともの共同体性——それこそ文化が本当に生きている何よりの証拠だ。しかるにコロナ禍がもたらしたぞっとする皮肉の一つは、この「死なばもろとも」がただの比喩ではなくなってしまったということである。まさに文化の最も肥沃な土壌だったかもしれない場所が、よりによって衛生学的に最も感染リスクの高い三密空間となってしまったのだから。この反転をわたしたちはどれだけ銘記してもしすぎではない。極論すれば「文化をとるか、衛生をとるか？」という二択の前にわたしたちは立たされてしまったのだ。そしてこれからも相当長い間、おそらくことあるごとにわたしたちはこれについて自問せざるを得ないだろう。例えば衛生的見地から互いによそよそしく距離をとって客席に座り音楽を聴いたとして、それはなお音楽といえるのだろうか？　仮にPCR検査の陰性証明がビッグイベントのチケット購入の条件になったとして、そのことを人道的に受け入れられるか？　いくらでも問いは立てられるし、千差万別の考え方があるだろう。だが一つ確かなのは、「危機的状況ではまず肩を寄せ合う」という人間存在の基盤を、全面的かつ世界的に、衛生学的知見に基づいて、この間のわたしたちは放棄させられたということである。

第二章　音楽家の役割について——聞こえない音を聴くということ

芸術／芸能／芸は、社会の内と外のファジーな境界線にあるからこそ、社会の内部の住人に見えていない危機をいちはやく察知する。音楽の歴史には「聞こえない音を聴く」とでも形容するほかない例がいろいろある。世界の「気配」ともいうべきものを、音楽はいちはやく感知するのだ。音楽＝絆といった決まり文句が氾濫して久しいが、音楽の有用性とはつまるところこの「予感」にある。

上部倍音の魔術

コロナ禍によって人の外出が著しく減ったことで、街中がすっかり静かになり、ふだんまったく耳に入っていなかったいろいろな気配がよく聞こえることに驚いた人も多いだろう。またわたしについていえば、コンサートやライブが自粛されていた間、録音音楽ばかり聴いていたせいで逆に、生の音楽における背後のかすかなお客たちの気配やざわめきが、いかに音楽を生き生きと映えさせるための舞台背景であったか、改めて実感した。録音された音楽の大半はノイズが全部きれいに消されていて、いわば背景が白地の肖像写真みたいなものであるわけだが、それだとどうにも音楽がヴィヴィッドにならないのだ。きれいだが無表情な標本みたいに聞こえる。ふだんわずらわしいとさえ思っていた客の咳（せき）や身動きの気配こそが、実は音楽に生命を吹き込んでいたのだと、今になってわかる。

そのようなわけで、このところ「聞こえているのだけれど聞こえていない音／音楽」というものに、とても強い興味がわいている。別にオカルトのような話ではない。例えば人間には非可聴音域があって、それより高い音域と低い音域は、聞こえているのに聞こえない。コウモリやイルカが交信に使う超音波はその典型であろうし、微弱な地震なども本当はその音が聞こえているのに、可聴音域よりも低いから聞こえないのであろう。ノラ猫が庭を通ると赤外線が感知して、超音波（つまり猫には聞こえるが人間には聞こえない音）で追い払うという装置も同じ要領である。これらはすべて「耳には入っているのだけれど聞こえていない音」である。「聞こえていないのだが気配として感じられている音」と、逆の言い方をしてもいいだろう。

一級の音楽家というのは恐ろしく耳のいい人たちで、「ふつうは聞こえない音」が聞こえているのだと思う。「ふつうは（ふつうの人には）聞こえない音」の典型の一つは、例えば上部倍音だ。ピアノの低いほうの鍵盤をどれか強く鳴らし、その残響に耳を澄ますと、高い音域に無数の別の音が聞こえてくる。あれが上部倍音である。この倍音に人一倍こだわった作曲家がジェルジュ・クルターク（一九二六―）だ。ジェルジュ・リゲティ（一九二三―二〇〇六）と並んで二十世紀後半を代表するハンガリーの前衛作曲家である。彼はほとんど聴き取れないような弱音を多用する作風で知られるが、ピアノの猛烈な達人としても有名で、リスト音楽院では室内楽の授業を担当していた。そのレッスンは極めて特異なもので、特定の倍音が聞こえてくるようになるまで、たった一つの音を繰り返し弾かせるだけで授業が終わると聞いたことがある（ネットにはクルタークが夫人と連弾でバッハを弾いた映像がアップされていて、ここで二人はまさに聞こえない音にじっと耳を澄ませるようにして弾いている）。

このクルタークのレッスンのエピソードを聞いて以来わたしは、「作曲家は楽譜に書いてある音だけを聴いているのではないのだ」と思うようになった。例えば楽譜に真ん中のドの音を書き込むとき、彼らはドの音が発生させるさまざまな唸り（うな）や倍音をも聴いているに違いあるまい。これらの倍音のバランスを感じながら、それに導かれるようにして伴奏を書き、次の音への運びを考えていくのではないか。おそらくそうした「秘密の倍音」を正しく引き出さないことには、つまり楽譜に書いてある音をただ鳴らすだけでは、作品はその秘密を打ち明けてはくれないのだ。

数年前にライブで聴いたロシアのピアニスト、アレクセイ・リュビモフも忘れられない音楽家の一人である。彼はまさに「倍音の魔術師」で、アンコールで彼が弾いたショパンの『舟歌』では、通常は絶対聞こえない音（つまり楽譜には書いていない音）が上部倍音として聞こえてくることに、わたしは仰天した。「聞こえない音」が亡霊のように現れ、不思議な斑紋（はんもん）を描くのである。だがこの亡霊の旋律ともいうべきものは、リュビモフがトリックを使って加えたものでもなんでもなく、間違いなくショパンが自分の作品の究極の秘密としてあらかじめ仕込んでいたものに違いない。ほとんどの演奏家は楽譜に書いてある音符を正しく弾くことに気をとられてしまい、この亡霊の旋律を聞き逃してしまっているのだ。

「聞こえているのに聞こえない音を聴く」とは、そのまま人生訓にもなるはずである。聞こえているはずなのに聴いてない、見ているはずなのに見えていない。こんなことが人生にはいっぱいある。実際われわれはしょっちゅう「あの人は他人のいってることを聞いてないからねえ」とか「あの人は全然現実が見えてないよね」というではないか。では「聞こえていない人」はどうしてそうなるのか？　単純に耳のセンサーがよくないからという話ではないだろう。例えば「人の話を聴くより前に自分がしゃべり始める」（わたしにもそのきらいがあるが）人には、この傾向が強い。つまり過剰な自我や自己主張が、聞こえているものを打ち消すのである。また思い込みが強い人もしばしば他人の声を聴かない。自分に刷り込まれた常識以外の現実はあるはずがないと思い込んでいて、「こうであるはずだ！」とか「こうであるべきだ！」が邪魔になり、聞こえているのに聴かないのである。

ごくふつうの音楽学習者がショパンの『舟歌』を練習していて、そのときたまたまタッチの加減によって、ふだんは聞こえていない不思議な倍音が一瞬聞こえた気がしたとする。しかし彼は「あれ？　なにかの空耳かな……？」と打ち消すであろう。しかし実はそれはショパン自身が仕掛けた、実際に聞こえる音であるかもしれないのだ。人生もこれと似ている。本当は聞こえている声を、往々にして人は「まさか……」と打ち消す。絶対に聞き逃してはいけないはずの気配を感じているにもかかわらず、それを自分で否定してしまう。

天の声を聴く？

音楽家に限らず天才的な芸術家にどこか予言者のような能力が備わっているとすると、それはまさにこの「聞こえない音を感じ取る」能力と深くかかわっているのだと思う。つまり芸術の歴史においてはしばしば、これから起きることを作者があらかじめ知っていたとしか思えない作品が作られることがあるのだ。第一次大戦直前の一九一〇年前後はその典型であり、このころ破滅的未来を告げる黙示録的な作品がごく短期間の間に次々と作られた。

ジョルジュ・ソレルの『暴力論』（一九〇八年）、イタリアの詩人マリネッティによるいわゆる『未来派宣言』（一九〇九年）、音楽でいえばスクリャービン（一八七二―一九一五）の神秘主義、シェーンベルク（一八七四―一九五一）らの無調作品（いずれも一九一〇年前後）など、いくらでも例は挙げられる。カンディンスキー（一八六六―一九四四、彼はシェーンベルクの盟友だった）の抽象絵画における色彩乱舞の暴力的陶酔も、破滅のカタルシスとしか思えぬ印象を与えるだろう。繁栄を謳歌していたヨーロッパの帝国主義諸国が瞬く間に戦火に包まれ轟沈していった世界大戦。それより「後」に、現実からの影響として、事後的にカタストロフが描かれたのではない。崩落の現実より「前」に、それを予知するような作品が作られたのだ。

　第一次大戦における「カタストロフの予感」として、文化史でしばしば言及されるのは、ストラヴィンスキー（一八八二―一九七一）の『春の祭典』である。これはロシアの架空の原始的な生贄儀式を描くバレエ音楽で、ロシア・バレエ団による一九一三年のパリ初演は空前の大スキャンダルとなった。作曲家自身が伝えるところによれば、上演が始まってすぐに賛成派と反対派の罵り合いや野次や喧嘩が始まり、振り付けを担当したニジンスキーが舞台袖から大声で拍子を数えてダンサーに指示しないと音が聞こえないありさまだった。ロシア・バレエ団の座長ディアギレフは観客を静まらせるために照明の点滅を指示し、指揮者のピエール・モントゥーは観客に向かって「最後まで聴いて下さい」と叫んだという。

『春の祭典』初演時の踊り子たち．バレリーナに内股で飛び跳ねさせる異様な演出も物議をかもした

音楽語法的に見るならば、『春の祭典』でストラヴィンスキーがやったことは、「拍子の恒常性の破壊」と説明できる。伝統的な西洋クラシック音楽には、一度設定された拍子は原則として変更しないという大原則がある（ポップスでは今でもそうだ）。四分の二拍子の曲は最後まで四分の二。四分の三で始まったら最後まで四分の三。四分の四拍子の曲に八分の六拍子の小節が挿入されるなどといったことは、まず起こらない。いうなれば「拍子」とは、例えば昼夜の交代や四季の変化にもたとえられるような、その中でさまざまな変化を許容する時間の枠である。どれだけ烈しいリズムの変化が生じようとも、基本的な枠組は終始一貫しており、だからこそ聴き手は安心して、「1・2・3・4／1・2・3・4……」といった時間の流れに身を任せられる。

それに対してストラヴィンスキーは、予定調和的な時間枠を破壊する。痙攣（けいれん）するようにほとんど一小節ごとに拍子が変わる。5／8→5／8→9／8→5／8→7／8→3／8→2／4→7／4（第二部「生贄への賛美」の冒頭）等々。そもそも振り付けを担当したニジンスキーの踊りのアイデアからして、『春の祭典』は異常な作品であった。ダンサーはつま先を思い切り内に向けて膝を折り、体は正面に向けたまま顔を横向きにして飛び上がるのである。おそらく観客にはX脚で体をよじって、不細工に跳ねているだけにしか見えなかっただろう。それは古典的なバレエの優美に流れる動きの全面否定だった。そして円滑な時間の流れの破壊こそ、まさにストラヴィンスキーの音楽が目指したものでもあったのである。ストラヴィンスキーはあらかじめ規則的に分節されている時間を拒絶する。「何が起きるか分からない」世界を予告する。

『春の祭典』をいったいどのようにして作曲したのか、まったく覚えていないという意味のことを、繰り返しストラヴィンスキーは語っている（ヴォルフガング・デームリング『ストラヴィンスキー』音楽之友社、五四ページ以下）。いわく「私が『春の祭典』についてほとんど語っていないことに、おそらく読者は驚かれるであろう。私はそれを意図的に控えたのである。作曲から二十年経過した今日、私には作曲当時の気分を想い出すことなどまったくできないように感じられる」。私は「まさに聞こえてきたものを書いた」だけであって、「私は容れ物であり、そこを『春の祭典』が通り抜けていったのである」。

「聞こえてきたものをそのまま書いた」というストラヴィンスキーの言葉は、予言的な作品を生み出す芸術家の創作がどのようなものであるかを、端的に語ってくれる。つまり芸術家はただの空の容器にすぎないのだ。「わたし」ではなく「何か」が、彼を「通して」語るのである。「我かく思う」といった近代的な自我を、彼は消す。第一人称が我を張れば、あっという間に「何か」の声――ストラヴィンスキーの言葉を借りれば「聞こえてきたもの」――は聞こえなくなってしまう。「こうであってほしい」「こんなはずはない」「こうあるべきだ」「こうしよう」の隠れた主語はすべて「わたし（わたしたち）」である。まさしくこの声高な「わたし」が、本当は聞こえているはずの声をかき消す。

聞こえない音を聴く音楽家の能力について、三・一一のときのインタビュー「明日の見えない時代に、耳を澄ます」の締めくくりで、坂本龍一がとても示唆的なことをいっている（『アルテス』VOL.01 特集「3.11と音楽」三二ページ）。

「ほんとうに真摯な態度というのは、明日どうなるかわからないという状態に耐え続けて、きちんと目を開いていること、あるいは耳で聴くことでしょうね。／そういえば、予言というのは「聴く」ものですよね。「天の声を聴く」っていうでしょ？〔天の声は〕いつでも音で表現される。〔インタビューアー：ああ、たしかに！〕予感があったときも「耳をそばだてる」っていうでしょ？　わりと聴くものなんですよね。気配を感じさせるのは、音なんですよ。だから、音を聴く人間は、未来を聴く、これから起ころうとしていることを聴く能力が少しだけあるのかもしれないですね。〔中略〕そういう訓練を知らないうちにしているのかもしれないですね。予言というのはかならず音で、言葉でもあるけれど、音で伝わってくるものなんです」

「まさか」と「そういえば……」——シュテファン・ツヴァイクの場合

「気配を聴く」とか「聞こえない音を聴く」とか、まして「天の声を聴く」などというと、いかにも突拍子もないと思うむきもあるだろう。しかしこれらは実はわたしたちの日常生活からそんなに遠い話ではない。例えば「あの人は今日、なんか機嫌が悪そうだ……」と感じたりするとき、机にぞんざいに物を置くいつもよりとげとげしい音といったものを、人は聴き取っているのではないか。「不気味なかんじがする家」とか「落ち着く原っぱ」などというときも、同様になんらかの「場の倍音」とでもいうべきものをわたしたちは感じているはずだ。前者では例えば無音状態ないし不可聴音域の低音の振動、後者でいえば風が野を渡るかすかな気配などである。

あまりオカルト科学的になってはいけないが、かといって「気配」を全面否定してもいけない。そして「人の気配」や「場の気配」にとどまらず、「世界の気配」のようなものを比喩として想像してみることで、いろいろなことがわかってくる。例えば今回のコロナ禍にしても、今改めて「そういえば以前からこういうことが起きるんじゃないかという漠然とした感覚があった、あのころは「まさか」と思っていたけれども……」と感じている人は少なくなかろう。わたしがここでいいたいのは、こうした漠とした感覚である。

「気配」や「予感」についての印象的なエピソードとして、二十世紀前半に活躍したオーストリアの作家シュテファン・ツヴァイク（一八八一―一九四二）の自伝の一節がある（『昨日の世界』上巻、みすず書房）。ここでツヴァイクは、大戦前に自分が感じた一瞬のいやな予感、「ひょっとしたら何か起きるんじゃないか……」とぎくりとした経験を二つ紹介している。彼はいう。「私には、正直に言って、当時戦争があるとは信じられなかった。しかし二度ほど私は或る程度目覚めて、戦争があるのではないかと考え、驚愕して飛びあがった」（三〇五ページ以下）。

ツヴァイクが挙げるエピソードの一つは、あるスパイ事件に関するものだ。彼の家の近くのカフェで会えばいつも挨拶する仲だった、さる極めて紳士的な将校が実はロシア側のスパイであり、一九一二年のバルカン戦争においてオーストリア軍の重要な機密を売っていたという話である。ツヴァイクによれば「戦争が起こったならば、この一人の人間が幾十万の人々の生命を犠牲にし、王国は彼によって破滅の深淵のすぐ縁まで追いやられたであろう、ということをみなが知った。このとき初めてオーストリアのわれわれは、昨年こそわれわれがすでに戦争のすぐそばにあったのだ、ということを理解した」。

もう一つのエピソードは、フランスの田舎町で映画を見たときの出来事である。フランスのトゥールの小さな映画館で映画の前にニュースをやっていて、ドイツのヴィルヘルム二世の映像を見た途端、素朴な民衆が激しい憎しみにかられて口笛を鳴らして罵った。

「私は驚いた。私は心の奥底まで驚いた。なぜならば、この小さな地方都市においてさえ無邪気な市民や兵隊がすでに、スクリーンの画面をちょっと見ただけで怒りの爆発に誘われるほどに、皇帝やドイツに反対するよう煽動されているのであるから、何年も何年も前からされていた憎悪の宣伝による毒化は、どんなにか深刻に進んでいるにちがいないということを感じたからであった。それはほんの一秒ほどのことであり、せいぜい二、三秒ほどのことであった。また別な画面が映ったとき、すべては忘れられていた。人々は今くり拡げられる滑稽なフィルムに腹いっぱい笑いこけ、満足の余り音をたてて膝を叩くのであった」（三一三ページ）。

ツヴァイクは振り返って次のようにいう。「屋根裏には、眼に見えぬ摩擦があって、何か電気のぱちぱちする音が聞こえ、いつでも火花が飛び散っていた。——ツァーベルン事件、アルバニアにおける危機、不首尾な会見、いつでもただひとつの火花にすぎなくはあったが、しかしどれもが蓄積された火薬を爆発させるかもしれなかった」（三〇四ページ）。ここで語られるツヴァイク自身の反応は、いざことが起きたときの一般的な人々の反応の典型だといえるだろう。平時において、実際はそう感じたにもかかわらず自分が「まさか……」と打ち消したことを、いざそれが本当になったとき、彼は突然「そういえば……」と思い出したのである。

ウェーベルンが聴いたもの

「聞こえない音を聴く」といえば忘れられないのが、アントン・フォン・ウェーベルン（一八八三―一九四五）の第一次大戦前の作品である。前衛音楽の雄たるブーレーズやケージに絶大な影響を及ぼしたことで知られる彼は、シェーンベルクの弟子であり（もう一人の弟子アルバン・ベルクとあわせて、この三人は「新ウィーン楽派」呼ばれる）、寡黙と極小の作曲家として知られる。絵画における後のミニマリズムをはるか先取りしていた人ともいえるだろう。十九世紀のロマン派の作曲家たちは、日の出の勢いのヨーロッパ列強の覇権を背景に、ひたすら重厚長大なものを目指した。とりわけベルリオーズやワーグナーやリヒャルト・シュトラウスには、この傾向が強かった。彼らの作品の中に、帝国主義時代のヨーロッパ列強の覇権主義や傲慢な進歩信仰を見て取ることはやさしい。それに対してウェーベルンの創作は、その最初期からすでに、こうした拡張主義的なものへの激烈にして寡黙な批判であった。

そもそもウェーベルンの作品には少ししか音がない。しかも数分で終わる曲がほとんどであって、一分に満たない作品すら少なくない。しかも極度に内気な彼の音楽はほぼすべて、聴覚のリミットを探るかのような極限的な弱音に終始する。線が「絵画」の一部として意味をもつぎりぎりの限界を探るパウル・クレーのミニマリズムとの近さは、しばしば指摘されるところである。ただし表現主義時代のウェーベルン（つまり第一次大戦勃発前）にあっては、聴力の限界のような最弱音の中から時として、マーラーの交響曲の最強音にもひけをとらないすさまじい暴力衝動が炸裂する。そしてあっという間にこと切れたように終わる。それをアドルノは「まともに知覚すらできないうちに聴衆を沈黙へと置き去りにしてしまう、彼の多くの楽曲のショック的な短さ」と呼んだ（Theodor Adorno, *Gesammelte Schriften 16*, p.110）。

こんなウェーベルンの最高傑作の一つが、一九〇九年の『管弦楽のための六つの小品』作品六である。六つの楽章はどれも数分で終わる。トータルでも十二分ほどだ。しかし六つもの楽章がありながら、あわせて標準的な交響曲の一つの楽章にも満たないようなこの作品のために、ウェーベルンはマーラーやリヒャルト・シュトラウスの巨大作品並みのオーケストラを要求した。そこに含まれているのは六本のホルン、六本のトランペット、四本のトロンボーン、三台のティンパニー、二台のハープ、チェレスタ、無数の打楽器等々だ（サイモン・ラトル指揮／ベルリン・フィルの動画は、楽器の使い方の特殊性もよくわかるいい演奏である）。

わずか十数分のためにこの巨大オーケストラを使う意図が、すさまじい表現エネルギーの圧縮にあることはいうまでもない。本来一時間以上かけてじっくり展開されても不思議ではない内容を、彼はわずか数分に圧縮して炸裂させるのだ。まさに表現主義の極北である。そんなウェーベルンの音楽のキーワードは「強度」であり「震度」である。上に挙げた『管弦楽のための六つの小品』の中でもとりわけ聴く者を震撼させる四曲目は、聞こえるか聞こえないかの境にある低音の大太鼓の最弱音で始まる。それはまるで、人にはまだ感知できない遠くからかすかに聞こえる津波の音のように響く。「音」というよりは「振動」である。その上にとぎれとぎれに、謎めいた和音の断片が弱音で重なる。三台のティンパニーのかすかなトレモロも加わって、やがて途切れる。そして再びかすかに、断末魔の吐息のようにして、フルートやホルンやトランペットが旋律ともいえない旋律の断片を吹く。

こうやって聴き手を待たせに待たせてから、曲の大詰めになっていきなり怒濤(どとう)のような勢いで音楽のアクセルが踏まれる。いつの間にか同時に吹かれる楽器の数が増えていき、そうやって自然に音量が上がっていって、やにわに全金管が渾身(こんしん)の力を振り絞ってフォルティッシモの悪夢のファンファーレを轟(とどろ)かせるのだ。六本のホルン、六本のトランペット、四本のトロンボーン、バスチューバ、三台のティンパニー、大太鼓、シンバル、さらに甲高いフルートの悲鳴まで加わって、身もだえし痙攣しながら、音量はますます上がる。そして地獄の扉が開いたような瞬間、すべてはこと切れる……。この曲は第一次大戦の戦場の地獄絵を連想させずにはおかない。負傷兵の絶叫、マシンガンと大砲のすさまじい轟音、着弾した砲弾が地面をえぐる鈍い音——こういうものがここにははっきり幻視されていなかったか？　この作品の内容について「作曲家自身が戦場で経験した地獄絵図の表現だ」といわれて、誰もそれを疑わないであろう。しかしウェーベルンがこれを作曲したのは一九〇九年だったのだ。

落ち葉は破局の使者

やがて地獄の轟音へと炸裂するウェーベルンの極小のピアニッシモ。アドルノはそれを「そう聞こえる通りに、ただし実際そうでもあるのだが、極めて繊細な魂の蠢き（うごめ）のこだまとのみ受け取ってはならない」といった。彼いわく「これ以上考えられない極度の弱音は、無限に遠くから聞こえる無限に強大な爆音の威嚇するような影である。一九一六年、フランクフルトの森を抜ける街道で、この地にまで達したヴェルダン〔第一次大戦時の戦場として有名〕の大砲の轟きは、かく響き渡ったのである。まさにここにおいてウェーベルンは、一九一四年の戦争の予言者だったゲオルク・ハイムやゲオルク・トラークル〔後者は戦場で自殺した表現主義詩人〕といった抒情（じょじょう）詩人と触れ合う。〔大砲の音にふるえて〕落ちた木の葉が、来（きた）る破局の使者となる」（Theodor Adorno, *Gesammelte Schriften 16*, p.118）。この落ち葉の比喩は絶妙だ。落ち葉が落ちる音を聴く人がいるだろうか。しかし聞こえるか聞こえないかわからないようなそのかすかな気配は、もうそこまで忍び寄ってきている砲撃が起こしたものかもしれないのだ。すぐれたメカニックが自動車エンジンのかすかな「異音」を過たず聴き取るように、芸術家たちは世界のノイズを聴きわけ表現する。

ウェーベルン作品が告知していたとしか思えない「予感」は、いうまでもなく「煽動」とはまったく性格が違う。煽動と違って予感は、かぼそい声で語る。だから声高な誰かがそばにいると、あっという間にかき消されてしまう。しかしわたしたちが本当に耳を傾けるべきは、こうした声ともいえない声だろう。ウェーベルンのこの予言的な音楽を聴いていると、思わず「地震計」という言葉が思い浮かぶ。上述の作品の冒頭でずっと低く鳴り続ける大太鼓がまさにそれだ。しかもここでは、わざわざ「ほとんど聞こえないように」と指示のついたタムタム（巨大な金属の銅鑼だ）、同じく「ほとんど聞こえないように」と指示され、しかも「（舞台から）遠く離れて置くよう」と書かれた低音のグロッケン（鐘）が、大太鼓の上に短い音符を刻んでいる。どちらも途方もない轟音が可能な打楽器であるが、それをわざわざ聞こえないような弱音で響かせるのだ。「破局が遠くでもう始まっているとき、そこの落ち葉がかすかに揺らぐ」という表現に、これ以上ふさわしい楽器法はあるまい。

遠く彼方の砲撃の音と並んで、沈没船の比喩もこうした作品に対して有効であろう。例えばタイタニック号の沈没は大戦直前の一九一二年のことだったから、ウェーベルン作品が書かれたのとほぼ同時期である。氷河で船腹を切り裂かれ、どんどん海水が浸水し始めたとき、いちはやく異変に気づいたのは三等客室の人々であった。一等客がまだ優雅に甲板近くのサロンで社交ダンスに興じていたころ、彼らは大騒ぎを始めた。そして三等客室の人々はいうまでもなく真っ先に切り捨てられる運命にあり、その大半がボイラーの爆発で炎上沈没するタイタニックとともに、氷河の海へ沈んでいった。乗船していた楽士たち（いうまでもなく彼らもまた、沈没に際して最も顧みられない運命にあった人々のはずである）が、それに殉じるように最後まで音楽を奏で続けていたこともよく知られている。

ウェーベルンは第二次大戦が終わった直後、外出禁止令が出ていた中、アメリカ軍兵士の誤射によって生涯を終えた。音楽史最大の悲劇の一つである。わたしには彼の最期がタイタニックの楽士たちのそれとどうしても重なってしまう。アウトサイダーとしての音楽家の宿命のようなものを感じずにはおれないのである。

不条理の予感と芸術の有用性

おそらく多くの人にとってこのウェーベルン作品は、今日なお狂気の沙汰のように響くであろう。ましてそれが作曲された百年以上も前、そこにまさか来るべき真実が予感されているなどと誰も思わなかったはずだ。しかしわたしが注意をうながしたいのは、平時にあって狂気とみえた芸術表現こそが、非常時になって突然アクチュアリティを持ち始めるという逆説である。例えば今回のコロナ禍でカミュの『ペスト』がいきなりベストセラー入りしたとか、小松左京の『復活の日』や『日本沈没』の売り上げが急増するといったことも、こうした現象の一つと考えてもいいかもしれない。個人的なことをいえば、コロナ禍の状況の中で初めてわたしは、ウェーベルン作品の強烈なリアリティを真に体感できたように思う。

「ヴィジョン」という言葉がある。「先見の明」とか「広い視野」といったビジネス用語的な意味で使われることがほとんどだが、本来は「未来像」や「幻視」などを指す宗教的な言葉だ。ストラヴィンスキーの『春の祭典』やウェーベルンの『管弦楽のための六つの小品』は、まさに言葉の本来の意味での「ヴィジョン」といえるだろう。これらは文学でいえばジョイスやカフカにあたるような、「不条理音楽」とでもいうべきものの嚆矢であった。そして英語では不条理演劇のことを theater of the absurd という。「absurd」とは「まさか……バカバカしい！」＝「荒唐無稽」という意味だ。

今日「芸術の有用性」と聞いて人が真っ先に思い浮かべるのは、「絆」や「元気」や「癒やし」などであろう。多くの人が何の疑問ももたず「芸術とは何かはさておいて、まずは人を快適にしてくれるものだ」と考えているようにみえる。しかし声を大にして強調すべきは、芸術はただの贅沢にして無為な暇つぶしではなく、しかしだからといって、自動販売機や処方策でもないということである。お金を投入すれば、あるいは薬をのめば、特定の「効果」が自動的に得られるというようなものではないのだ。こうした単純な一対一対応で芸術の効用を測ってはならない。

偉大な過去の芸術作品はしばしば、日常の常識からするとにわかに信じがたい「ヴィジョン」を突きつけてくる。その名に値する芸術作品とは「ヴィジョンを見せつける」ものだと定義してもいいくらいだ。同時代の人々が見たくもないと思うものであることも多い。しかし往々にして、こんな不条理ともみえる芸術表現の中にこそ、かつての自明が「まさか……」と笑い飛ばした明日の真理が隠れている。いずれ導火線に火がついて大爆発を起こすかもしれない世界の「空気」が予知されている。そして実際にことが起きて非常時となったとき、人は突如それを「そういえば……」と思い出す。非常時とはあらゆる価値観の反転であって、そこでは平時の無用と狂気と不条理がアクチュアルとなる。平時において偉大な芸術作品がしばしば「何の役に立つのかわからないもの」としていぶかられるのは、考えてみれば当たり前だ。平時の常識が崩れる世界を察知するのが芸術なのだから。わたしにとって芸術の究極の有効性とはここにある。明日を探したければ、今狂気の沙汰とみえる芸術作品が告知しているかもしれない「世界の気配」に耳を傾けるのが一番いい。

第三章　音楽の「適正距離」――メディアの発達と「録楽」

「気配を読む芸術」としての音楽は、人々が互いに「適正距離」をとることで、あるいは完全なオンライン化が達成されることで、著しいダメージを受けることになるだろう。しかしながら、まさにこの「距離化」こそ、音楽の近代がしゃにむに追いかけてきたもののひとつであった。コロナ禍で一気に加速するであろう音楽のオンライン化は、実はこれまでわたしたちがやってきたことの延長にあり、それだけにその負の面に対して意識的であらねばならない。「空気の共有」が消えたら、もう音楽は音楽ではないのかもしれないのだ。

「録楽」しかなくなった世界？

いうまでもなくコロナ禍がもたらした最大の災いは、「空気の共有」に対する全世界の人々の忌避感である。わたしにしても時折、人と会うとき半無意識に顔をそむけ、距離をとっている。ふつうだったらこれは相手にいぶかられるよそよそしさだ。しかるに音楽とはまさに、人と人の間のこうした距離を縮めるためにこそ、存在してきたはずだ。だから「ソーシャル・ディスタンス」を強いられては、音楽は商売あがったりになってしまうだろう。どんなにがんばってみても距離が縮まらないのだから、存在している意味自体がなくなる。例えばシールドでステージと客席を仕切ってライブハウスを再開したとして、もちろん最初は久方ぶりの生の音楽ということで感慨もひとしおだろうが、やがてシュールレアリスム的な乖離感が生じないだろうか。いわば集わない／集えないことを確認するために、わざわざ集っているというような妙な感覚である（周知のようにソーシャル・ディスタンスとは感染防止のための新しい生活様式のキーワードであり、飲食店などいたるところで「ソーシャル・ディスタンスのために……をお願いします」といった貼り紙が出されるようになった）。

これが文学の場合なら、一人で誰とも会わず読むのが常態であるから、こうした非常時にとても向いた形式だといえる。また美術も音楽に比べれば「孤独な鑑賞」の側面が強い。一枚の絵を前に何千人もの人が群がって、抱き合って熱狂している光景など想像もつかない。それにたとえ美術館が閉鎖になったとしても、「絵がなくなってしまう」などということは起きない。絵はモノだから、盗難にでもあっていない限り、（おそらく）ちゃんとそこにある。しかし音楽は違う。それはモノではなく、空気振動をリアルタイムで共有する芸術形式だ。

したがって人と人とが空気を共有しなくなったら存在しないも同然になろう。しかしまた、複数の人が空気振動を同時に共有するからこそ、音楽だけがもつあの興奮と熱狂と一体感は生まれてくる。

今わたしは「人と人とが空気を共有しなくなったら音楽は存在しないも同然」と書いた。いぶかる人もいるだろう。「いや、そんなことないよ、コロナ禍による自粛期間中も一人自宅で音楽を熱心に聴いていたよ？」と。議論の錯綜（さくそう）を避けるために敢えて言おう。音楽にはまったく性格が違う二種類の「音楽」があるのだ。ライブ音楽とメディア音楽である。そしてわたしが「音楽が消えた」というときに指しているのは前者であり、「自粛期間中もずっと音楽を聴いて癒やされていた」という人が指しているのは後者なのである。

それでもなお異論はありうる。「コロナといわずすでにかなり前から、もうほとんどの人は電気メディアを通した音楽しか聴いていなかったのではないか、ライブの音楽をわざわざ聴きに行く人などごく少数のマニアだけだろう？　「音楽」とは今やメディアを通して聴くものになっているのだから、ライブがなくなろうがたいした変化はないし、そんなことを惜しむのはただのノスタルジーじゃないか？」といった反論だ。もちろんわたしは「ライブこそが本来の／本物の音楽なのだ！」などと反動的な主張をしているわけではない。ライブ音楽とメディア音楽を「まったく別もの」と考えることで初めて見えることもあるといいたいだけだ。例えばこのところよく「ネット飲み会」や「ネット帰省」といったことがいわれるようになった。しかし本当に問うべきは、ネットで故郷の家族や親戚と話したとして、それは果たして「帰省」なのかということだろう。「ネットでも簡単に……できちゃう」というオートメーション化を無反省に受け入れることは危うい。安直に「ネット帰省」などと口にすると、その瞬間から「実際は帰省できなくなっている」という事実が目に入らなくなってくる。故郷に自ら足を運ばないことで決定的に失われる何かを見逃してしまう。

音楽においても問題の所在は同じだ。例えばある歌手の歌声という「コンテンツ」を聴者の耳元に確実に送り届けられさえすれば、手段が何でも同じだということになるのか？　音楽とはその場でステージと客席が一緒になって作り上げる何かではなくて、通販のパッケージのようなものだったのか？　情報伝達の利便性だけが選択基準になっていいか？　何度もいうが、わたしは録音音楽を決して否定はしない。そもそも録音資料がなければわたしのような職業は今や成り立たない。ただ、ライブ音楽とメディア音楽を「似ても似つかないもの」と区別することが、状況認識にとって有効な局面もあるということに、注意を向けたいのである。

三輪眞弘(みわまさひろ)はメディアと音楽のかかわりをラディカルに問い直す作品を発表し続けてきた作曲家であるが、彼は「録音された音楽」と「生の音楽」とは根本的に別ものであり、前者は

「音楽」ではないということを明確にするべく、「録楽」という概念を提唱した（フォルマント兄弟〈三輪眞弘＋佐近田展康〉『フレディの墓／インターナショナル「デジタル・ミュージック」における6つのパースペクティブ』というテクストがネットで読める）。三輪によれば音楽とは本来、今そこに人間がいて、今その場で聴かれるもの以外ではあるはずがないのであり、複製技術によって不在の人間が奏でる何かは録楽ではあっても音楽ではない。三輪によればそれは映画が演劇でないのに等しい。これをわたしなりに解釈すれば、生の芝居に対する映画が一種の幻灯であるとすると、生の音楽に対する録楽は幻聴のようなものだということになる。わたしたちはコンサートやライブが自粛されていた間ずっと、音楽の幻聴を聴いていただけなのかもしれないのである。

音楽と録楽の紛らわしさについて

ライブ音楽とメディア音楽の違いが見えにくいとすれば、その最大の原因は、メディア音楽を聴いて「音楽らしきものがそこから聞こえてくるのだから、きっとそこに人がいる（いた）はずだ」と思ってしまう、わたしたちの素朴な反射反応だ。映画を見て、つい芝居と同じように、そこに人は確かにいると感情移入するのと同じである。トーマス・マンの長篇小説『魔の山』（一九二四年）の終わりのほうに「楽音の泉」という面白い章がある。それは主人公が生まれて初めて蓄音機というものを目にする場面で、彼の目に蓄音機が棺桶のように映るというくだりが出てくる。つまり主人公は「その箱から音が聞こえてくるのだから、きっと中には誰か（あるいは過去にそれを歌い録音した歌手の亡霊）が入っていて、その彼が歌っているのではないか」と考えたということだ。もしそうだとしたら、たとえそれが亡霊であったとしても、確かにこれは録楽ではなく音楽だ。

　人の名前というのは不思議なもので、たとえ百年前のノイズだらけの録音であれ、ほとんど原形をとどめないまでに加工された最新録音であれ、そこに演奏者の名前が貼りつけられているだけで、わたしたちはそれをいわば真に受ける。『魔の山』の主人公に似て、聞こえてくる音の向こうでは実在のサラサーテが、マリア・カラスが、マイケル・ジャクソンが、星野源がそれを奏でたり歌ったりしている（いた）と素朴に思いなす。実際は録音メディアを通してまったく似ても似つかないものに変形されているかもしれないにもかかわらず、である。そしてわたしたちは脳内変換によって、PCネットワークの彼方のバーチャルな演奏現場へと自分をワープさせ、そうすることで、蓄音機やCDプレーヤーやスマホから聞こえてくる録楽もライブと変わらない「音楽」として聴きなし、そこにロマンチックに感情移入するのである。

　わたしにしても例えばピアニスト、ウラディミール・ホロヴィッツが十二年ぶりに舞台復帰した一九六五年のいわゆる「ヒストリック・リターン」のライブ録音を、長い間「本気で」信じてきた。「これは一九六五年五月九日のカーネギーホールで本当にあったことなのだ」と熱狂してきた。しかし近年になって、従来の録音は大幅な修正版だったことが明らかにされ、今度は「本物の」ヒストリック・リターンのライブ録音が出た。フルトヴェングラーの伝説的なバイロイトでの《第九》ライブも、同じように近年になって「修正なし」のライブ録音が発売された。結局のところ録楽とはどこまでいっても電気が作り出す虚構の可能性を排除できないのである。

こうしたタイプの録楽は、おそらく「伝統的な」録楽と呼ぶことができるだろう。ニュートラルなドキュメンタリーたらんとする録楽である。聞こえてくる音の向こうに実在の人間の幻影を作るタイプである。それに対して、こうした人間的なものの幻影を断ち、いわば「無人電気音楽」ともいうべきものを大胆に目指したのが、一九七〇年代半ばにテクノの先鞭をつけた西ドイツのクラフトワークである。このグループの有名作『アウトバーン』(一九七四年)では、ブザーのようにぎくしゃくした無表情な電子音のアイロニーが炸裂する。音の向こうに生身の人間の存在をほとんど想起させない録楽だ。このタイトルは「高速道路」というより「自動軌道」と直訳したほうが音楽内容にぴったり来るだろう。人間すらロボットになってしまった超未来の全自動電気音楽を、彼らは演出する。ちなみにクラフトワークはデュッセルドルフで結成されたグループだが、そこからごく近いケルンの電子音楽スタジオに頻繁に出入りしていたと聞いたことがある。ここはドイツを代表する現代音楽の作曲家シュトックハウゼンの電子音楽創作の牙城であり、無人音楽のアイデアもこういうところから出てきたのであろう（シュトックハウゼンの傑作『試作Ⅱ』〔一九五四年〕は完全に人工音だけで合成された最初の電子音楽で、つまり「無人音楽」の嚆矢である）。

他方、クラフトワークのように「無人」を不気味なまでに前面に押し出すわけではないが、かといって伝統的な録楽のように人間的な幻影を作り出すわけでもなく、「生音」はあくまで音響素材の一つとして処理し、それでいて音楽としてのある程度の感情移入は許容するといったタイプの作品も、いわゆる癒やし系を中心として近年多い。おそらくその源流はイギリスのブライアン・イーノらに代表される一九七〇年代以来のアンビエント・ミュージック（環境音楽）と察するが、わたしが真っ先に思い出すのはオノ・セイゲン（小野誠彦）とパール・アレキサンダーの『メモリーズ・オブ・プリミティヴ・マン』（二〇一六年）というアルバムだ。

これは小野自身がギターを演奏したライブ録音の断片、アマゾンの森の音、ビルに響く靴音、アレキサンダーのコントラバスの響きなどをコラージュした録音なのだが、こういう作品を聴くと録楽が従来的な音楽より、むしろインスタレーションとかコラージュなど造形芸術に近いことがよくわかる。CDアルバムという空間のあちこちに不思議な形をした音のオブジェが置いてあって、聴き手はそれらの間をきままに散歩する。「サウンド美術館散歩」のような作品なのである。またこうしたアルバム制作には極めて高度な音響合成や補正技術が必要であることは言をまつまいが、こうした作業がパソコンを使ったポスター・デザインとか映画におけるフィルム編集に近いだろうということは容易に想像がつく。録楽はむしろ美術や映画に近いのだ。

このところ多くの音楽家たちが精力的にストリーミングを行い、自分たちのメッセージを伝えようとしていることは周知の通りである。しかしステージで客を入れてやってもストリーミングで配信しても「内容」は同じで、ファンのもとへ送り届ける伝達の「手段」が違うだけだなどとナイーヴに信じてはいけない。レストランで食べる食事とテイクアウトが別ものであるのと同じように、音楽と録楽はまったく違うものなのだ。だから人と人が空気を共有しつつ音楽を聴くことがかなわなかったこの間、やはり世界中で音楽は消え、録楽だけになっていたのである。

ソーシャル・ディスタンスの時代の音楽はどうなる?

ところで右にわたしは「美術や文学は音楽と違って孤独な鑑賞に向いている」と書いた。

そしてこの点でもまた録楽は、美術にとても近い。誰も押し合いへし合いしてフェルメールを見たくないだろうし、例えば訪れる者などほとんどいないメッシーナ（シチリア）の古い美術館で、カラヴァッジョ晩年の絵を時を忘れて見るのは至福の経験であろう。録楽にも本質的にそういうところがあって、例えばグレン・グールドがコンサート活動を停止して、録音に専念するようになった理由もこのあたりにあったと想像する。あるいはブライアン・イーノの環境音楽（テープ操作だけで作った電子音楽が多い）を大ホールで何千人の聴衆とともに聴いて、拍手喝采を送るといった光景を想像するのも難しいだろう。こういうものはやはり一人自室でヘッドフォンをつけて聴きたい。音楽は距離をとらない芸術であるのに対して、録楽やアートや文学は距離を求める芸術なのだ。

もちろん人間心理には「集まりたい」衝動と「一人になりたい」衝動とが混在しているから、われわれにはどちらのジャンルも必要である。だからこそライブの音楽はこれまで、観戦スポーツなどと並び、前者の欲求のための絶対の牙城としてゆるぎない地位を保ってきたわけだ。しかしまた、人を目いっぱい集めないことには「商売にならない」が故に、「人を集める」ジャンルは「一人でかまわない」ジャンルと比べものにならないダメージを、コロナ禍によって被った。そして今問うべきは、条件つきではあってもコンサートなどを再開することが可能になったとき、元通りの形で「人をたくさん集めて」生の音楽をすることは再び可能になるか、そして果たして人は録楽だけでは物足りず、音楽を強く求めるかどうかということだ。

敢えて希望的な観測を可能な限り頭から消して、シミュレーションしてみる（二〇二〇年五月初め時点での予測である）。まず当然ながら再開後しばらくは、「距離を置くこと」が最重視されよう。ワクチンが開発され普及するまでは、おそらくホールの全客席の二分の一から三分の一くらいしかチケットを売り出さず、聴衆を三席おきに座らせ、後は有料ストリーミングで中継するといった形しかやりようがなかろう。ステージ上のアンサンブルも通常より奏者間の距離を空ける（しかし二メートルも間隔を空けたら、ライブ音楽の生命である「呼吸を合わせる」ことが極度に困難になるはずだが）。消毒が徹底されるだろうこともいうまでもない。かなりわずらわしいかもしれない。狭い空間で歌が入るイベントの場合、ステージと客席がシールドで仕切られるかもしれないし、ひょっとするとマスクだけでなく簡易防御コートのようなものをつけて会場に入ることを求められるようになるかもしれない。コンサートやライブハウスにおしゃれして出かける、などということは過去の思い出となる。イベントにとって不可欠だった「社交機能」が著しくダメージを受ける等々――考えたくもないが、こうしたことが起きる確率はかなり高いはずだ。

ベルリン・フィルが二〇二〇年四月に公開した「無料映像：イースター@フィルハーモニ

ー音楽祭」を見ると、いろいろな大指揮者による過去の演奏を無料で流しているのだが、オーケストラ作品はコロナ以前のものばかりだ。カラヤン、アーノンクール、アバドなど、もう亡くなっている巨匠たちの懐かしの演奏を聴いていると、なんとなく切なくなる。そして「今の演奏」としては、室内楽が放映されるばかりだ。司会者がぽつりと一人だけ座っている広大なフィルハーモニー（ベルリン・フィルのホームグラウンド）の会場で、数人の奏者によるアンサンブルを、ずいぶんと距離を空けて演奏している。とてもシュールレアリスム的な光景である。

おそらくイベント再開のためにありとあらゆる方策がとられるであろうが、それでもなお打開策を考えることが最も難しいジャンルは間違いなくビッグイベント系、クラシックであればオーケストラと合唱であろう。これらはステージ上の奏者の「密集」が音楽の大前提であって、どれだけ客席を空かせても、こればかりはどうにもならない。おまけに合唱では唾も飛ぶ。実際オランダでは二〇二〇年三月に、バッハの『ヨハネ受難曲』を上演した合唱団から多くの感染者が出て、指揮者も一時入院するということがあったという。オーケストラや合唱では二メートルの間隔をとるなど無理だから、オーケストラと合唱を必要とするベートーヴェンの《第九》の上演などはしばらく見合わせざるを得まい。舞台上にところ狭しと何百人ものプレーヤーや合唱団を配置するマーラーの交響曲第二番「復活」などは、さらに演奏が難しかろう。こういうジャンルが安心して聴けるかどうかはワクチン頼みという、まるでSFのような状況が現出しているわけだ。そしてワクチン開発後は陰性証明を見せてチケットを購入するなどということにならないよう、ひたすら祈念するのみである。

次のような合奏形態を可能にするシステムを考えている技術者たちが、間違いなくすでに相当数いると思う。いわゆる「オンライン・セッション」としてジャズのジャムなどですでに近年やられてきた方式、つまりリアルタイムのネット合奏をオーケストラや合唱でも可能にするやり方である。この技術が進歩した暁には、オーケストラの指揮者も個々のプレーヤーもすべて自宅にいて、プレーヤーは中継される指揮者の合図に合わせ、あるいはタイムクリックに合わせ、リアルタイムで自分のパートをネットにつながれたマイクの前で演奏することになる。そして彼らの音はどこかのスタジオに中継され、ミキシングされてサウンドを調整されたオーケストラ演奏が、ほぼリアルタイムで在宅視聴者のところへ届けられる……。

今の技術でこんなリアルタイムのオンライン合奏を本格的にやるのは、タイムラグがあるから相当難しいはずだ。ネット会議ですら小さなズレであってもかなりのストレス要因になる。「空気」が読めないからである。音楽であればなおのことだ。コロナ禍が始まってからテレワークで作られた、行定勲(ゆきさだいさお)監督の『きょうのできごと』という「ズーム映画」(すべて在宅で作られたという)の冒頭では、登場人物である学生らが母校の校歌を歌おうとするが合わない場面が出てくる。学生たちは「合わないねえ」などと言い合っている。コンパのノリで校歌を歌うことすら、空気が読めないと、ことほどさように苦労する。

現在頻繁に行われている「在宅アンサンブル」（ブラスバンドや合唱において、各自が在宅のまま自分のパートを演奏し、それらを合わせた動画）は、奏者が一人ずつ順々に自分のパートを上に重ねていく方式だ。彼らはリアルタイムで同時に歌ってはいないから、一種の多重録音である。しかしこの方法ですら、例えば送られてきた指揮者の動画に合わせて自分のパートを演奏しているつもりでも、あからさまなズレが生じ（通信環境やコンピューターの処理能力にも左右されるようだが）、それなりに聴けるものに仕上げるためだけでも、相当高度な補正技術が必要だろう。いずれにしても「気配を読みつつ呼吸を合わせる」ということがまったくできず、一つの空間で個々の響きが溶け合うこともないのだから、どうしても奇妙なパッチワークになる。一緒に音楽をやって呼吸があった瞬間の奇跡を一度でも経験した者であれば、オンライン合奏では音楽がまったく別ものになってしまうということを、いやというほど思い知らされるだろう。

とはいえ、ひょっとすると多くの人にとって、難しいことはいわずとも「とりあえず合っている」というだけで十分なのかもしれず、会議も授業も帰省も飲み会もすべてネット化されていく時代にあっては、音楽合奏だけオンラインが主流にならないという保証はどこにもない。「なんだ、合唱だってとりあえずネットでできちゃうじゃないか。もう集まらなくてもいいんじゃあ?」と考える人がいないとも限らない。もちろん同じ空間で呼吸を合わせて音楽をする歓びを熟知している人間であれば、そういうものを音楽と呼ぶことには強い抵抗があるだろう。しかし特に音楽に強い興味がない人にとっては、ごく小さなタイムラグなどどうでもいいと片づけられかねない。「そんなことのために再びかつてのように密閉空間に密集して一緒に唾を飛ばして歌うのか?」などという話になったらどうするか? 「集って呼吸を合わせて一緒に歌う」ということが、うるわしいどころか反社会的だとされかねないブラックジョークのような状況が生じたら? しかしながら、「自粛警察」と呼ばれる人々が現に出てきたことを思えば、この悪い冗談とすれすれのところに、今のわたしたちはいるという危機意識だけは強くもっておくべきだろう。

『ヘリコプター弦楽四重奏曲』と音楽における別室化の歴史

わたしが縁起でもない未来シミュレーションをしてしまうのも、実は「自己隔離してする音楽/録楽」の歴史はもう相当長く、その必然的な延長上に右に描いたブラックジョークのような世界が待ち受けていたとして、決して不思議ではないからである。

今日のオンライン・アンサンブルを予告するような作品といえば、何よりまずカールハインツ・シュトックハウゼン（一九二八―二〇〇七）の『ヘリコプター弦楽四重奏曲』を挙げねばならないだろう。戦後西ドイツを代表する前衛作曲家だった彼は、ピエール・ブーレーズ（一九二五―二〇一六）およびルイジ・ノーノ（一九二四―一九九〇）と並んで当時「前衛三羽烏」のような言われ方をしていたが、発想のSF的な「ぶっ飛び方」の点で図抜けており、従来的な音楽のありようを根底から問う迫力の点で、ブーレーズなどをはるかに凌駕していた（ハービー・ハンコックやトニー・ウィリアムズといったジャズマン、さらにはビートルズのメンバーも彼のファンであり、西ドイツのテクノ系ロックの音楽家たちにも多大な影響を与えたことが知られている）。『ヘリコプター弦楽四重奏曲』はネットで何種類もの演奏が見られ、その中でもとりわけ印象的なエリジアン弦楽四重奏団（Elysian Quartet）の映像は、現時点で二十四万回以上再生されている。この種の前衛音楽としては破格の回数であり、シュトックハウゼンの型破りの想像力が今日の聴衆に強くアピールする力をなお有していることの証左と思える。

この「弦楽四重奏曲」はもともとオペラ『光の水曜日』の一場面として構想されたもので、作曲されたのは一九九二／九三年である。演奏に際しては、弦楽四重奏団のメンバー各自が四台のヘリコプターに別々に乗り込み、その様子は逐一四つのモニターで劇場に中継される。やがてヘリコプターは離陸、演奏者はそれぞれヘッドフォンをつけ、タイムクリックの音

（メトロノームのようなもの）だけを頼りに、自分のパートを演奏する。彼らの演奏（そして機内の様子）は飛行中のヘリコプターのものすごい爆音とともに劇場へ転送され、そこでミキシングされてようやく「弦楽四重奏曲」となり、それを劇場の聴衆は聴く。

このシチュエーションについてシュトックハウゼンは、「インチキ」がないことに徹底的にこだわり、ヘリコプターの爆音のみ中継して、弦楽四重奏の奏者は劇場のステージ上でそれをバックに合奏するといった妥協策を、即座に却下したといわれる（松平敬『シュトックハウゼンのすべて』アルテスパブリッシングによる）。彼にとって、互いに連絡のとれないバラバラの場所にいる四人が、無線を通して、相手の音も聴かずにアンサンブルをするということが、何よりも重要だったのである。

どんなに奇抜に思えようとも、シュトックハウゼンがここで提起した「別室リアルタイム」とでもいうべき空想的な合奏形態は、いろいろなところですでに半ば実践されている。リアルタイムでオンライン・セッションをするといった右に触れた試みがそうだし、またジャズのビッグバンドでは、録音のために借りたスタジオが手狭だった場合、パートごとに別の部屋に分かれ（ブラスはスタジオA、ドラムとピアノはスタジオB、歌手は廊下など）、互いの音をヘッドフォンで聴きあいながら「せいの！」で演奏し、こうやって別々の空間で録音したものをミキシングしてCD化するといったことが、以前から行われているという。それぞれ別室にいる人間が、空気を共有せず、また互いに空気を読めない状況の中で、通信メディアのみによってつながれ、互いの音をリアルタイムで聴かずに合奏するという点で、これもシュトックハウゼンと似ている。

音楽における「別室化」の歴史をさらにさかのぼれば、ショルティ指揮／ウィーン・フィルのオールスターキャストによる、ワーグナー『ニーベルングの指環(ゆびわ)』の録音に触れないわけにはいかない。デッカというレコード会社の辣腕(らつわん)プロデューサー、ジョン・カルショーが企画したこの録音は、一九五八年からなんと八年をかけて完成されたのだが（LPレコードで十九枚、CDでも十四枚！）、スタジオ録音の利点を生かして二十人以上の伝説の名歌手たちがここに集められた。しかし二十余人の売れっ子のスケジュールを調整して、録音日に全員を「集める」ことなどできるはずがない。そこでカルショーが考えたのは、映画やテレビの別撮りに似たやり方、つまり別々の日に録音した歌手たち（そしてオーケストラ）のサウンドを後から合成するという手法だった。彼らは実は「集って」いないのである。まさに「録楽」だ。ビートルズの後期録音やマイルス・デイヴィスのスタジオ合成による『ビッチェズ・ブリュー』（一九七〇年）、グレン・グールドやビル・エヴァンスの多重録音など、エンジニアが最終的作者であるといっても過言ではない録音作品が次々生まれてくるのは、およそカルショーのこの『指環』以後のことである。これらはいずれも「同室非リアルタイム」の例だといえるだろう。

あるパートを奏者があらかじめ録音しておいて、ホールでそれを再生しながら、これに合わせて別のパートを同じ奏者が生演奏するという形態も、実験音楽の類に多い。ライブエレクトロニクスと呼ばれるジャンルである。奏者は自分自身の録音とライブ共演するのである（アイドル歌手のライブ公演における「ロパク」も、原理的にはほぼ同じといっていい）。その有名な先駆例の一つが、名ギタリストのパット・メセニーのために作曲されたスティーヴ・ライヒ『エレクトリック・カウンターポイント』（一九八七年）である。ここでは電気録音と生演奏とが対位法を作ることになる。十にものぼる声部をギタリストが事前に録音しておいて、ステージのスピーカーでそれらを流し、生演奏でそこに絡むのである。なお『エレクトリック・カウンターポイント』を演奏しようと思うギタリストには、メセニー自身による録音を出版社が貸し出してくれるそうである。彼はメセニーの「過去の」録楽と「ライブで」共演して音楽とするわけである。「別室非リアルタイム」をリアルタイムで重ねる実験というべきか。

ちなみに聴き手の側の別室化は、演奏する側のそれよりもさらに早くから進行していて、例えばラジオやテレビのことを考えればいいであろう。周知のように、はじめのうちはいずれも「町内に一台」であったが、やがてそれが「一家に一台」となった。それでも、そこにはまだある種の濃厚な「集い」が確かにあった。夕食の時間になると一家がテレビの前に集まってきて、一緒にそれを見ながら、ごはんを食べるのである。「ともに食べる」という身体行為で結ばれた共同体の中心に、テレビ（ラジオ）はあった。

だがいつの間にか「一家に一台」は「一室に一台」となった。「あそこ（居間）に行かないと見られない／聴けない」という空間的制限が緩まったわけだ。さらに一九七〇年代後半にビデオが普及するとともに、「あの時間帯でないと見られない／聴けない」というテレビの時間的制限がなくなった。テレビ鑑賞は非リアルタイム化された。それは「いつでも見られる」ものとなったのである。そして音楽の場合、一九八〇年代のウォークマンの普及によって、音楽聴取の「いつでもどこでも」化ないしポータブル化はほぼ完了した。

一九二〇年代のラジオの登場によりシンフォニーが台所で聴けるようになったことをアドルノは嘆いたが（一九四一年の「ラジオ・シンフォニー」というエッセイ、『アドルノ音楽・メディア論集』所収、平凡社）、今や地上に音楽を携帯できない場所はほぼなくなった。「もう少し場をわきまえなさい！」という言い方があるが、こうした意味での「場」性は音楽聴取から消し去られた。台所でもトイレでも、レクイエムを聴けるようになったわけだ。

トフラー『第三の波』の予言

小型コンピューターやシンセサイザーやラジカセや家庭ビデオなどが急速に普及し、メディア革命ともいうべき状況が生じ始めるのは、一九七〇年代のことである。ここに一九八〇年代のウォークマン・ブーム、一九九〇年代のインターネットの普及、今世紀に入ってからのスマートフォンの浸透が加われば、およそ今のわたしたちの生活を全面的に規定しているコミュニケーション形式は、ほぼすべて出そろうことになる（ちなみに新自由主義の思想が少しずつ影響力を増し始め、ドル・ショックによってマネー経済の端緒が切り開かれ、石油ショックによってエネルギーの限界が喧伝されるようになったのも、一九七〇年代からだ）。

こうした状況に対していちはやく反応し、そこから何が生まれるかを大胆に予測したのが、アメリカの評論家（未来学者、というべきか）アルヴィン・トフラー（一九二八—二〇一六）の『第三の波』（中公文庫）である。これは一九八〇年に出版されて世界中でセンセーションを呼んだ「予言の書」ともいうべきもので、ここでトフラーは農業革命、産業革命に次いで、やがて「第三の波」が来るだろうと主張した。それは超産業社会であって、全面情報化の時代であり、宇宙時代であり、地球村（そして国家解体）の時代である。

トフラーの仮説の概要は次のようなものである。いわく、やがて個々人は地球規模の情報通信ネットワークシステムへ直接つながれ（会社や国家などの媒介を経ずに、ということだ）、大都市や会社や家族といった人が「集まる」空間は解体されていき、通信による在宅労働が当たり前になる時代が来る。会社や都市や家族など、人が集う場はもう不要だ。人を一箇所に集中させるシステムはもう古い。遠からぬ未来において、情報ネットワークで結ばれた各個人が、好きな時間に好きな場所でバラバラに働く社会が到来するというのである。再生可能エネルギー、エレクトロニクスとコンピューター、遺伝子産業、はたまた「クローン人間の軍隊」に至るまで、彼がここで予測していることのあらかたが、今日ほとんど現実になっている（なりかけている）ことには驚くほかない。

実はトフラーは随所で音楽の比喩を使っているのだが、これが実に面白い。彼は産業革命以後の時代である「第二の波」において、あらゆることが「工場的原則」によって支配されていたとする。その象徴としてトフラーが挙げるのがオーケストラだ。工場に労働者を集めるようにして、大ホールに多くのプレーヤーと多くの聴衆を集め、同じ時間に同じ音楽を聴かせる。大きなホールに大量の観客を集め、彼らを圧倒する大きな音量の長大な作品は、音楽工場の生産力の証（あかし）なのだ。しかも十九世紀が作り出した近代の大オーケストラは、まるで工場や官庁の職務分担さながら各パートに分けられ、スコアの綿密な計画に従って全体の生産過程（アンサンブル）の中に組み込まれていた。こんなふうにして近代の産業社会は、会社組織も音楽の創造プロセスも細分化し、それを無数の相互依存的パーツに分けた。そしてトフラーによれば、巨大化と細分化の当然の結果として必要となったまとめ役が、音楽においては指揮者である。

トフラーの家族観も興味深い。「家族」とは大都会の工場に労働者を集め、効率的に働かせるうえで必須のバックアップ機能だったと彼は考え、その際に「愛」こそが家族という集いをしっかりセメントで固めるイデオロギーだったとする。とてもクールな見方だ。だから、今のわたしたちが「集い」の解体を嘆いているのを見て、ひょっとするとトフラーは「仕方ないよ、この半世紀ひたすら君たちは集いを解体してきたのだから」というかもしれない。

いずれにせよトフラーの家族観は、音楽についての考察にとっても、とても示唆的である。十九世紀以来、いったいどれだけの「愛」を歌う音楽が作られ続けてきたか、考えてみるといい。バッハが歌った愛は神へのそれだけだったといっても過言ではないだろうし、モーツァルトには愛の甘美に目覚めつつも、その脆さにおののくというところがあった。しかしベートーヴェンとロマン派以後、そして今日のポップスにおいてもなお、近代音楽はひたすら愛と絆を歌い続けてきた。トフラーにならって、これを次のように解釈できないだろうか。つまり「愛」とは人を一箇所に集め、かつ、そのバックアップ装置としての家族（ないし家族の萌芽（ほうが）としての恋人たち）の絆を固める近代イデオロギーであり、それを身体的振動として象徴化するのが近代音楽だったのだ、と。この二百余年のほぼすべての音楽が愛の歌だったのだといっても過言ではない（なお中世末期にも多くの愛の歌が作られたが、この時代における「愛」は近代におけるそれとはかなり性格が違っていて、結婚や家庭といった概念とはまったく結びついていない）。

今や本格的に「第三の波」という距離化の時代が来ようとしているとき、「愛をうたう音楽」の歴史もまた終わるのかどうか？　トフラーならおそらく「終わる」と断言したであろう。実際彼は、「核家族をかつてのような主流に返り咲かせたいと真剣に望むなら」と但し書きをつけたうえで、「第二の波」時代に戻るための「核家族促進キャンペーン」なるアイロニカルな処方箋を書いている（二八二ページ以下）。それによると、核家族の温存には大量生産社会＝集中社会の温存が絶対に必要であり、そのためにはまずコンピューターを叩き壊し（！）、製造業を奨励してサービス業の成長を抑える必要があるという。また核家族は集中社会にこそ向いているのだから、「家族」の回復のためには、メディアを画一化して趣味意見の多様化を抑え、避妊禁止によって人々の経済水準を敢えて落とし（収入が高いと女性でも離婚者でも独身者でも自力で手軽に暮らせるからである）、若者の賃金もカットして親元に残るようにするしかない――等々。もちろんトフラーはこんなことを本気で言っているわけではなく、核家族だけを復活させようとしてもそれは土台無理な話であり、「第二の波の家族の再現を心から望むなら、第二の波の文明を全体として再現する〔中略〕覚悟をしたほうがいい」(二八四ページ)と忠告しているだけである。「もちろんそんなことなんてできないでしょ?」ということだ。

こんなトフラーの巨視的な文明論を今の状況の中で読むと、音楽における「愛で結ばれた集い」の歴史的リミットについて、いやでも考えざるを得なくなる。すでに述べたように、「コンサート」という制度は十八世紀末に生まれた。つまりトフラーがいう「第二の波」——産業革命と資本主義と民主主義が始まった時代——と完全に重なっているのだ。そしてホールとは理念的に見れば、音楽を愛し、互いを愛する市民が集い、自分たちの愛の絆を確認する場所だった。ここで再び思い出されるのがベートーヴェンの《第九》である。第一章でも批判的に言及したところの、フィナーレの「抱き合え、幾百万の人々よ!」の一節だ。これは社会全体が愛で結ばれた一つの家族のようになる夢だっただろう。集中社会の夢である。トフラーがいうように、「第二の波」の文化は「世の中は愛で動く」と教えた(二九三ページ以下)。愛のイデオロギーが人々を集わせていたわけだ。一箇所に集う人々の友愛モデルとして、何百人ものオーケストラと合唱の人々が集う《第九》以上にふさわしい音楽はなかった。

そういえば二〇二〇年は、コロナ禍で完全に吹き飛ばされてしまったが、ベートーヴェンの生誕二百五十年でもあった。あらゆるオーケストラが《第九》公演を予定していたであろう。しかし間違いなくそれらの多くが全面的に中止になる（なった）はずだ。しかもオーケストラと合唱は、すでに示唆したように、この状況下で最も再開が困難なジャンルなのである。端的にいって、愛しあう人々が互いに抱き合うことが今や物理的に不可能になってしまい、《第九》再演はワクチン開発待ちといって過言ではないほどのとんでもない状況が出現したわけである。トフラーは「第三の波」の文化においては、「愛」に代わって「知力」が来るだろうという（二九四ページ）。それはひょっとすると《第九》が象徴していた時代の終焉なのだろうかと、しばし考え込む。

脱集中管理の条件と即興演奏

全面情報通信化社会ともいうべき「第三の波」において、トフラーがオーケストラに代わる社会モデルとなりうるとするのが、ジャズである。いわく、従来は一箇所に集まって四角四面に官僚的仕事をやっていればよかったが、新時代にはもっと個々人に融通が要求される。音楽でいえばそれはクラシックに対するジャズだというわけだ（五〇三ページ）。実際視覚的にすでに、クラシックの合奏とジャズ・コンボはあまりに対照的だ。後者においては、タフな面構えの何人かの一匹狼たちが、少し距離を置いて互いに対峙している。相手をぎろりと睨んだりしている。お行儀よく横並びで座り、指揮者の指示通りに動く前者とはまったく対照的である。しかし「先が見えない」状況の中での生き方モデルとして、確かに即興演奏くらいふさわしいものはないだろう。即興とは先のスケジュールが決まっていない時間の中で音楽をすることなのだから。

クラシック音楽では、工場の労働メニューよろしく、楽器スケジュールはすべて楽譜としてあらかじめ与えられ、最後の最後まで細かく決まっていた。どこで誰が入って何をして、そしてそれからどうなるか、すべてわかっている。だから楽譜通りにやっていれば、とりあえずエンディングまで無事にたどり着ける。「慣例通り」といっても「決まり通り」といってもいいだろう。しかし即興ではこうはいかない。プランのないところでエンディングまで行かねばならない。

もちろんジャズでもビッグバンドにはたいてい楽譜があり、またコンボの場合でも自分の演奏をあらかじめ楽譜に書くなど、細かく決めておくミュージシャンもいる（例えばオスカー・ピーターソンはその傾向が強かったと思われる）。だからジャズの即興は見せかけだと思っている人もいるだろう。しかし多くの場合、ミュージシャンたちがあらかじめ決めているのは、テーマの弾き方と全体構成（ピアノがテーマを弾いたらすぐにベース・ソロに移行するなど）とエンディングのパターンくらい、つまりおおよその枠だけである。具体的な細部はその場のイチかバチかで決めていって、最後まで無事たどり着かねばならない。これはクラシック的予定調和に慣れている者にとって相当恐ろしい経験だ。どこでミュージシャン間の意思疎通が機能不全を起こしてクラッシュする（スラングでいう「ロストする」）かわからないのだから。まるで非常ブレーキのない超特急にのせられるような感覚だ。

友人のジャズ演奏家たちが雑談の中で何気なく口にした言葉を、あれこれ思い出してみた。そして彼らが「音楽の問題」として話したことが、実は「先の見えない時代における生き方の問題」にそのまま当てはまることに、今さらのように驚いた。例えば彼らは誰かをほめるときに時折、「あの人はちゃんとエンディングまでもっていってくれるから」という言い方をする。事前の計画がなく引き返しがきかない時間の中で、しかるべき目的地（エンディング）まで、何が起きようが必ず連れて行ってくれるということは、それほど畏敬に値するのであろう。

「先の見えない時間」にあって「何をしてはいけないか」に関しても、あれこれ示唆に富んだ言葉を耳にしてきた。つまりジャズ・ミュージシャンが一番嫌がるのは、「聴いていない人」なのだ。この曲をどう弾くか、あらかじめ自分で何もかも決めていて（楽譜に書いて）、本番でも何が起きようが、毎回決めた通りにやろうとする人のことである。官僚的な前例踏襲主義ということになるだろうか。ある友人いわく、「話しかけても全然こっちを聴いていないようなものですから……こちらも独り言をいうしかなくなりますよね」。耳をふさいで黙々と決まり事通りにやられると、どんどん場がしらけてきて、生きたアンサンブルは独り言の寄せ集めになってしまうということであろう。

また彼らはよく「みんながそういう気分になってきたら……」という言い方をする。例えばエンディングへもっていくタイミングなどについてである。「本当はここで終わるつもりだったけど、お客がもっともっと聴きたい気分になっているようだし、まだ続けよう」とか「本当は盛り上げて終わるつもりだったけれども、なんとなくそれだと場違いな感じになってきたから、静かなエンディングにしようか?」といった判断のことだ。もちろん演奏中にしゃべるわけにいかないので、メンバーたちは「その場の気配」だけを頼りに方向を察知しなければならない。暗黙の意思疎通が即座にできなければならない。音によるちょっとした合図とか目配せ(演奏中の彼らのアイコンタクトを見るのはとても面白い)、あるいは誰かのリーダーシップ(どんなかんじで続けるか、音ではっきりメンバーにわかるようにする)しか、頼りになるものはない。いいアンサンブルだと少しの気配を全員が即座に察知し、過たずその方向へ向けて雪崩(なだれ)を打つように音楽が進んでいく。このあたりのエキサイティングな感覚はサッカーに非常に近い。

面白いことに、ちょっとした気配がとても重要になってくるジャンルだからこそ、ジャズ・ミュージシャンは「不用意に人の目を見ること」を嫌がる。ジャズではアイコンタクトが非常に重要で、ほかのメンバーに「次はお前がやれ」とソロを回す順番を指示するとき、あるいはそろそろテーマに戻ろうとするとき、あるいは終わるタイミングを測るとき（リタルダンドをかけるか、テンポを落とさずそのまま終わるかなど）、すべて視線のやりとりだけが頼りだ。だから無意味に、あるいは不安にかられて誰かの顔を見ると、その相手は「何かするつもりなのか？」と勘違いして、アンサンブルがかえって混乱するというのである。確かにいいミュージシャンほど演奏中はずっと横ないし下を向いている。しかし全身で常に周囲の「気配」を感じ取りながら、「ここぞ」というときが来るとパッと顔を上げてメンバーの目を見る。これは見ものだ。

ロストしたとき、つまり誰かが小節の勘定を間違ったり、一拍ズレてアンサンブルが混乱したとき、どうやってそれを収拾するかも、ジャズの醍醐味の一つだと思う。いろいろなミュージシャンにこの収拾策を尋ねたことがあるが、答えはおよそみな同じであった。「無視する」である。誰かがズレていても、知らん顔をして続ける。そうこうするうち、やがて自ずと修正されるということだ。一人だけがズレているのではなく、全員が混乱状態に陥ったときの方策についても、彼らの答えは一致していた。「全員が一番信頼している人に合わせる」である。リーダーシップである。そしてリーダーとは「何が起きようがこっちの方向で行く！」という断固たるサインが出せ、また周囲がそれを信頼納得する人であって、中途半端な及び腰が一番アンサンブルを混乱させるのだとか。「下駄（げた）を周囲に預けようとするとますます悪くなる」という表現をする人もいた。

もちろん「強いリーダーシップ」といっても、ジャーナリズム的な意味ではない。断固たるポーズを演出すればそれでいいというわけではない。強い指示が有効なのは、全員からの信頼があるときだけだ。そもそもジャズはリーダー独裁音楽の正反対にあるものであって（むしろクラシックのほうがそれに近い）、その醍醐味はむしろ、メンバー全員にいざとなればリーダーをやれる能力があり、ふだんはサイドに回っていても、緊急時に「お前が仕切れ」という気配になってきたら、誰であれ躊躇（ちゅうちょ）なく前に出てアンサンブルを引っ張れるという、状況に応じた臨機応変のリーダーシップの受け渡しにある（この意味でマイルス・デイヴィスの新旧のクインテットはジャズの永遠にして究極の目標であろう――マイルスとコルトレーンとビル・エヴァンスが同じアンサンブルの中にいたわけだから）。

トフラーが「第三の波」時代の理想とする脱中心的な即興演奏は、指示待ち人間がいては成立せず、しかし全員が「俺が俺が」になっては機能不全となり、各自がいつでもリーダーになれる強いパーソナリティをもちつつ、しかし常に他のメンバーの気配に耳を傾けていて初めて可能になる。「タフでなければ生きていけない。優しくなければ生きている資格がない」という、チャンドラーのハードボイルド小説に出てくる探偵フィリップ・マーロウの言葉が頭をよぎる。これはまるでジャズ・ミュージシャンにとってのモットーのようではないだろうか。強いポーズをとることは簡単だろう。しかし優しくあることは難しい。思うにマーロウのいう「優しい」とは気配を察知する細やかさであり、つまりは「気配り」のことだ。そしてまた「気配」を感じるためには、文字通りの意味で、「相手の身になる」必要がある。相手とともに自分の身体を場の空気に共鳴させ、例えば「自分がドラマーだったら次にどうしたくなるだろう?」と、全身全霊でシミュレーションするのだ。社会の全員がこれを実践するのは、ほとんど不可能かもしれない。しかしどれだけ困難だろうが、おそらくこれだけが、「先が見えない時間」をエンディングまでもっていくための、唯一の道であろう。そして「強さと気配り」の実践とはまた、人間がまだもっているはずの野性的な勘を取り戻すということにほかなるまい。

オンライン化がもたらす集中管理システムの強化

この章のはじめで述べたように、この半世紀の音楽メディアの進化はある意味で、「集わずともよい音楽」の方向を目指してきた。自己隔離した個人がそれぞれ別室にこもり、それらが通信ネットワークで結ばれ、それによって音楽を「共有」するというシステムを発展させてきた。したがってコロナ以前にすでに、大勢の人が一箇所に集まって、スケジュール通りに決められた通りのことをして、それでもって友愛の絆を確認するという十九世紀的な音楽行動モデルは、もう古くなり始めていたのかもしれない。考えてみればそもそも、一箇所に多数の人々を密集させて塊(マス)にし、この圧縮でもってエネルギーを発生させるというやり方には、なんとはなしに十九世紀の古い熱力学的発想が感じられなくもないではないか。

しかしながら、従来の一元的集中管理システムを本格的に脱し、独立した各個人が適度に散らばる集団モデルを目指すためには、右にスケッチしたように、各自の強靭(きょうじん)な即興能力が前提となるだろう。これはとても難しい。そのためには周囲の気配への鋭敏なセンサーが不可欠である。そして気配を感じるためには、密集はせずとも、「間の空気感」のようなものを完全に消しはしない、「ほどほどの距離」が必要だろう。しかるに今の状況の最大の皮肉は、トフラーが脱集中を唱えるときに前提にしていたであろう、「距離はとりつつ気配は感じ取れる」という適度の近さまでもが消されかねない点にある。密室にこもって他者の音／気配がまったく感じられないのだから、通信システムしか頼りにできない。そしてすべてはシステム管理者によって最終的かつ一元的に統合される。まさにシュトックハウゼンの『ヘリコプター弦楽四重奏曲』のヘリコプターに搭乗し、互いの音を聴かず、ヘッドフォンから聞こえるクリック音だけに合わせて自分のパートを弾く奏者たちと同じ状態である。

本来脱するべき一元的集中管理システムは、逆説的なことに、そしてすでに多くの識者が述べているように、自己隔離とオンライン化によってさらに強化されつつある。音楽の場合でいえば、各奏者はひたすらクリック音だけに合わせて自分のパートを弾き、自分のデータをシステム中央に提供し、エンジニアが最終的な補正をするというようなことになると、もうこれはエンジニアの作品である。そして各プレーヤーはネットワークのただの端末だ（ビートルズのメンバーも、過剰補正によって録音が結局プロデューサーのジョージ・マーティンの作品になってしまうことを嫌がったといわれる）。これが音楽の予言する未来社会のモデルなのだとすればとても怖ろしい。

新メディアはいつも確実に、自分の都合に合わせて、古いコンテンツを廃棄してきた。例えば二〇二〇年四月七日に発表された「文部科学省緊急経済対策パッケージ」（ネットで見られる）では第一次補正予算の内容が列挙されていて、そこでは「文化芸術」について「最先端技術を活用した鑑賞環境等改善」や「動画配信など社会的距離を保つことのできる表現」などが、今後の政府の芸術助成の方向としてうたわれている。いやでも趨勢（すうせい）はこちらへ誘導されていくと思うべきだろう。また音楽レッスンなどでも先生との間にシールドを立てたり、あるいはオンラインでやる機会が増えていきそうだ。これでは「呼吸を合わせる」とか「相手の気配をうかがう」とか「身体を相手に向けて開く」といった、音楽にとって一番大事な感覚が育ちようがないと思うのは、わたしだけだろうか。せめてこれが常態化してしまうと何が失われるか、今のうちから強く意識しておかねばならない。メディアを「通さない」音楽の領域を死守する方策と理論をいろいろ用意しておかねばならない。「気配」こそが、録楽とは違うものとしての「音楽」の生命なのだと、一人でも多くの人が実感できるような何かをしなくてはならない。

《間奏》 非常時下の音楽——第一次世界大戦の場合

それまでの自明が突如として反転したとき、音楽に何が起きるのか。この問いに多くの示唆を与えてくれるのが、第一次大戦中の事例である。無論、違いも多い。コロナ禍は戦争ではないし、「人が集うことの不能」は第一次大戦のときはなかったものだ。また、当時は実用化されて間もなかった録音音楽が、今では本来の音楽の不在を忘れさせるまでになっている。にもかかわらず、パンデミックが人々の心理状態に与えた影響は、戦争によるそれにとてもよく似ている。百年前の出来事は「これから」をシミュレーションするときの格好の参照点となる。

「不要不急」から戦争バブルへ

第一次大戦が勃発した当初の音楽状況は、今と酷似していた。大戦が始まったのは一九一四年七月末。本来なら九月から開始されたはずのコンサートやオペラのシーズンが、全面的に中止を余儀なくされた。まず交通網が完全に麻痺したことによって、国際的なツアーで生計を立てていたスター演奏家は来演不能になった（いうまでもなく敵国人は完全に締め出された）。また多くの演奏会がキャンセルになっただけでなく、音楽家の重要な副業であるレッスンの仕事も激減した。そして音楽家が兵役にとられ、あるいはフリーの音楽家は軍楽隊に食い扶持を求めるようになったせいで、オーケストラや合唱団はあちこちに穴が空いた。こうやって社会から音楽がほぼ消えてしまった。

パウル・ベッカーは戦争終結後の一九二二年、次のように振り返っている。「戦争は初めのうち芸術を沈黙させた。世界的な大事を平時の基準で評価していいと考えられていた間は、人々は軍事的な事柄に専心し、そして直接的な戦争遂行能力のないものすべて――いったい芸術が、とりわけ音楽が、どうやって戦争手段となりえたというのだろう――は黙らなくてはならなかったのである」(Paul Bekker, *Zeitwende*, in: *Die Musik*, 1922, p.1-10)。

しかし何より興味深いのは、事態がこのまま「音楽＝不要不急」で推移しはしなかったということである。これと関係していたと考えられるのは、この戦争の尋常ならざる長期化である。戦争が勃発した当初、多くの兵士たちが戦場への列車の発車時に、「クリスマスまでには帰る！」と笑いながら見送りの人々に叫んだ逸話はよく知られている。しかしやがて「これは通常の戦争ではない」という気配が人々の間に広がり始めた。前代未聞の長期戦になりそうだと誰もが感じるようになってきた。かくして短期決戦で勝利し、すぐに日常へ復帰するという夢は断たれ、国家のあらゆる資源を総動員しないことには、とても勝ち目はないという空気が広がっていく（第一次大戦は史上初の「総力戦」であったことで知られる）。それとともに、「文化も戦争を勝ち抜くための武器だ」という言説が生まれてきたのである。

ベッカーはこれが開戦からおよそ二年後くらいからのことだったといい、次のように述べる。「平時の基準はやがて不十分だということが明らかになってきた。新しい種類の戦争の遂行の仕方が生まれてきて、それに際して精神的あるいは芸術的な事柄にもまた重要な役割が与えられるようになった。それらは内に向けては人々の心を落ち着かせ、あるいは彼らを勇気づける手段となり、外に向かっては宣伝手段となったのである。戦争が続き、非常時から常時となるにしたがって、生活の諸条件すべてにおける根本的姿勢の変化に、芸術は順応するようになった」（前掲書）。最後の「順応」という言葉が示唆するように、ベッカーの見方はとてもアイロニカルである。つまり音楽には、人々を「落ち着かせる」「勇気づける」「宣伝する」という、三つの「任務」が与えられるようになったといっているわけだ。百年以上経ってなお、非常時の音楽の有用性についての言説が、ほとんど変わっていないことに驚かされる。つまり「癒やし」と「勇気（絆）」と「プロパガンダ」ということである。

突如としてドイツの音楽界は戦争景気にわき始めた。人々を癒やし励ますための演奏会が続々と催されるようになったのだ。慈善コンサートとか慰問コンサートの類である。一九一四年にミュンヘンで催されたビアホール・コンサートは、こうした企画のごく初期の例であり（オーストリアの雑誌『伝令』*Der Merker*: 2.Oktober-Heft で報告されている）、これは当事ミュンヘンの宮廷オペラ劇場の監督をつとめていた名指揮者ブルーノ・ワルターが呼びかけたものだった。そこでは彼のほか、リヒャルト・シュトラウスやジークムント・フォン・ハウゼッガーを含む指揮者たちが、合計で七つのビアホール・コンサートを指揮した。収入の八割はオーケストラに、二割はドイツ音楽家支援金庫に寄付されたという。仕事場を失った音楽家の窮状を救うべく企画されたのがこのコンサートであり、その使命についてワルターは誇り高く語っている。「芸術の命である平和が勝利と誉れに満ちて獲得されるであろうとき、私たちは再び芸術家たらんことを望んでいる。それまで私たちは芸術の力、私たちの芸術ならではの力を、社会的な目的のために用いよう」。芸術家が懸命に自分たちの「有用性」をPRする姿は痛々しくすらある。

こうした状況をベッカーは「芸術にとってこの順応は、自己主張のための唯一の手段だった」と回顧する。皮肉な言い方である。つまり彼は「お座敷がかかるなら音楽家はどこにでも出かけていくし、またそうせざるをえない」と示唆しているわけである。いわく「確かにこれは危険かつ不吉な手段であり、結果として芸術認識の基盤は揺さぶられざるをえないことになった」。社会の役に立つ代わりに、芸術は何かとても大事なものを譲り渡したのではないかということである。「しかしながら最初のうち、芸術に対して敵対的な状況の中にあって、外的な存在可能性がこれによって保証されたのであり、犠牲を払う甲斐はあったのである。劇場と演奏会は突如として思いがけないくらい賑わうようになり、造形芸術にとっても上演芸術にとってもこれ以上のものは何十年間もなかったような好景気が到来した」。芸術は自分のアイデンティティを社会的有用性と交換してしまい、しかし代わりに体制によって商売を繁盛させてもらい、だが結局それは自分で自分の首を絞める行為だったと、ベッカーは示唆している。

戦争が長びくにつれドイツやオーストリアでは、無数の慈善コンサートや慰問コンサートが催されるようになった。前線への慰問は当然ながら国費であがなわれた。銃後では傷痍兵や戦争で夫を亡くした女性のための募金活動をコンサートによって行った。当時の音楽雑誌やホールのスケジュール表を見ると、「慈善」と銘打っておかねばコンサートをすること自体ためらわれる空気すらあったという印象を受ける。ベルリン・フィルやウィーン・フィルも大活躍で、スイスのような中立国に出かけて、自国の政治的正当性を間接的にPRしたり、頻繁にポピュラー・コンサートの類を催した。ポピュラー・コンサートとは、プログラムにワルツや流行歌を入れることで庶民向けであることをアピールし、ワーグナー『タンホイザー』序曲のような勇壮な作品で国民を鼓舞し、そしてベートーヴェンやブラームスのような「立派な」交響曲も忘れず入れておくといった内容のものである。そもそもこのころのクラシック・コンサートは上流市民の教養ブランドのようなところがあり、これらの超一流オーケストラですら「一部の金持ちのための音楽を緊急時にまだ続けている」と糾弾されることを恐れたのだろう。プログラム構成によって、この催しが全国民的なものだとアピールしたわけだ。

しかしながらベッカーによれば、こうした慈善コンサートのバブルがもたらしたのは結局のところ、体制にとって無害な三流音楽の大繁盛にすぎなかった。ベッカーは社会民主主義系の政治信条の持ち主で、眩(まばゆ)いばかりの無数のコンサートやオペラが華やかに催される戦前の状況について、非常に批判的だった。彼によればそれは音楽の商品化にほかならず、戦争によってこうした消費文化を整理する動きが生まれることを切に願っていた。だが終わってみれば、音楽が金儲(かねもう)けの対象にされるという事情に、何の変化もなかった。「戦争末期になると、音楽には外面的には多くの課題と活発な活動の刺激が与えられた。しかしその背後には、その駆動力として、娯楽および宣伝の意図が隠れており、当時与えられた数多い可能性は、芸術というより外的な目的にこそ適(かな)ったものであって、芸術的水準はどんどん低下する一方だった」。そして「その場で効き目のあるスローガンを巧みに利用し、ある時は愛国者の、ある時は革命家／社会主義者の顔をしながら、至るところで投機がのさばり続けた」。

非常時にあって社会の中での立場を「有用性」によって保証されておらず、したがって恒常的収入をなかなか得られない音楽家（芸術家）たちは、自分たちもまた「有用」であることを懸命にＰＲし、それによって社会体制にすり寄らざるを得なかったが、しかしクオリティはどんどん下がり、そして結局のところ「娯楽商品として音楽を聴く」という問題の根幹は何も変わらなかったということである。

音楽への飢餓

次に慰問コンサートといった「上から」の文化政策ではなく、「下から」第一次大戦中の状況をみてみる。ジャンルが何であれ、音楽を限りなく愛していたであろう戦場の個々人が、状況にどう反応したのかということだ。彼らは果たして音楽を不要不急の娯楽とみなしただろうか――とんでもない！　戦時中のいろいろなドキュメントからわかるのは、戦場においていかに多くの人々が音楽への激しい渇望を再認識したかということである。

まず特記すべきは第一次大戦でレコードが大活躍したことである。つまり多くの戦場において、司令部から最前線まで電話線を引き、司令部で専属の兵士がつききりで蓄音機を回し（当時はまだ手回しだったのだ）、それを電話中継して塹壕（ざんごう）でも音楽が聴けるようにしたのである。故郷を懐かしむイギリスの戦時歌謡「遥かなるティペラリー」は大戦中の大ヒット・ソングだが、それが流行したのはまさに戦争の最前線においてであった。故郷の人々から戦場への贈り物として届けられたポータブル蓄音機を通して、この歌は広く人気を博すようになったのである。今のストリーミングとほぼ同じことがなされていたわけである。

こうした戦争の最前線の異様な状況の中で、人々はほとんど生理的といっていいほどの欲求で音楽を求めた。その生々しい証言の一つが、一九一五年の『伝令』(*Der Merker*)に載っている(七月十五日号)。東部戦線を転戦していたオーストリアの音楽好きの軍医の手記である。この軍医によれば、ロシア支配下のポーランドに侵攻したとき、所属部隊は大きな邸宅を病院代わりに使ったのだが、そこのサロンに置いてあったピアノを見つけて彼は突進し、夢中でショパンを弾いた。しかし間もなく負傷兵が運び込まれ、ピアノの夢想は中断された。また彼とその連隊は、いつ果てるとも知れない行軍に疲れ果て、しばしば進軍しながら仲間同士で弦楽四重奏曲やオペラの一節を口笛で吹く遊びをした。誰かが有名なテーマを吹き、別の誰かが続きを吹き、掛け合いをして心を紛らわせたのだ。

あるいは戦場でのコレラの大流行の中、兵舎にしていた馬小屋のとなりに小さな家があって、絶望的なコレラ患者の治療で疲れ果てていたこの軍医は、ちょっと休もうとその家へ入った。すると子供を二人連れた農婦が中にいて、怯えきって壁に後ずさりした。ふと彼女の

1918年6月1日に板東俘虜収容所内で《第九》日本初演を行った，ヘルマン・ハンゼン指揮の徳島オーケストラと合唱団
提供：鳴門市ドイツ館

そばを見ると二つのヴァイオリンと一つのヴィオラが立てかけてあった。そこで彼は上官の許可をとり、ヴァイオリンの弾ける同僚の医者を連れてきて、となりの馬小屋ではコレラ患者が虫の息だったにもかかわらず、夢中で合奏を始めた——。次々と凄絶なエピソードが出てくる。軍医が所属していた部隊では、やがてオーケストラも組織されることになったのだが、その指揮者は散髪屋、団員の半分は職業音楽家、残りはアマチュアだったという。同じ第一次大戦中、徳島県鳴門市の板東俘虜収容所でドイツ人捕虜たちのオーケストラによりベートーヴェンの《第九》の日本初演がなされたことが思い出される。

　このように、戦場という音楽を自由に耳にできない状況の中で、多くの人々が「それなら」とばかり、自分たち自身で音楽を奏でようとした。そしていざとなれば自分で音楽をする能力をもっていた。今の

フランス軍傷痍兵の合奏．第一次大戦において音楽家は軍隊に必須だった

状況との決定的な違いはこれである。「音楽を聴きたい」のみならず、「音楽を自分でやりたい」という欲求は、極限状態にあった人にとってほとんど生理的とも思えるほど強いものであり、そして百年前の人々はこの衝動を自分で満たすことができたということである。

「自分で音楽をする」ということ

医師のエピソードで何より印象的なのは、まるで食べ物を略奪するような、音楽に対する彼の飢餓感である。侵攻した村でピアノを見つけ、ヴァイオリンを見つけ、彼はわき目もふらずに突進する。音楽といえば大半の人にとって、「ただ受け身で聴く」のが当たり前になっている今日、この「自分で音楽をする」ことへの涸渇（こかつ）はとても印象的だ。ひょっとすると「楽器を弾く」（あるいは「声を出して歌う」）ということは、「声を出して話す」ことの延長にあるのかもしれない。声を出すことの禁止は、ベッドに縛りつけられ動くことを禁止されるのと同じくらいのストレスを、人に与えるのであろう。

してみれば「弾けない」あるいは「歌えない」ことは、人にとって不要不急どころか、食欲の次に来るくらいの生命維持のための基本的欲求なのではないかとも思えてくる。人間とは「声を出す」、つまり「しゃべる／歌う」、そしてその延長としての「弾く」という形でもって身体を動かさないと、精神的にどうかなってしまいかねない生き物なのかもしれないのである。

この二百年の間に人間は、「受け身で聴く」という利便性と引き換えに、「自分で音楽をする」という能力を著しく退化させてきた。その最初の段階がコンサートである。自分で演奏する代わりに、ステージ上のプロの妙技をお金の対価として受け身で聴くのだ。そして次に来るのがもちろん録音音楽である。これによって好きなときにいつでも音楽を聴ける可能性が劇的に広がった。レコードからラジオ放送へ、さらにラジカセからCDやウォークマン、スポティファイへと、この「受け身の聴取」はどんどんお手軽になっていった。しかしながらそれでもなお、人間は自分の身体全体で「しゃべる・歌う・叫ぶ」という行為を通して何かを放出しなくては生きてはいけないとみえる。だからこそ今でも人はあのように熱心にカラオケへ行こうとする。

右に引用した軍医のエピソード中の、行軍する兵士たちが、掛け合いのようにして、互いが知っている曲の一節を順々に口笛で吹いて、ゲームのようなことをしたという話も印象的である。「声を出す」ということの原初的意味が、身体的カタルシスのみならず、暗闇の中での互いの無事を確認する行為なのだとわかる。ただ一人で叫んですっきりするのではない。不安の中で自分の呼びかけに対して誰かが応答するのである。ゴスペルやブルースでいえば「コール&レスポンス」である。

右の兵士の行軍の口笛による掛け合いのエピソードはいうまでもなく、電線で塹壕と司令部をつないで蓄音機で音楽を流すという行為も含め、これらは「コール&レスポンス」への人間の原初的欲求のあらわれと見ることができる。それが現代ではネットを通したコラボやストリーミングの形をとっているわけだ。ただしこの間、音楽がもつ安否確認の機能は電子メディアの発達により飛躍的に発達する一方、わたしたちが自分自身の身体で音楽をする能力はどうしようもなく低下してしまった。コミュニケーションとは、そのプロセスに機械メディアが介在すればするほど、つまりデジタル的になればなるほど、脱身体化されてバーチャルになる。根源的な肉体的カタルシスが得られにくくなっていく。フラストレーションが残る。ひょっとすると今日のわたしたちの不幸はこのあたりにあるのかもしれない。

戦争が芸術を浄化する?

第一次大戦とコロナ禍は、それまでの「バブル的ミュージック・ライフ」とでもいうべきものを、突如として停止させたという点でも共通している。毎夜のように選択に困るほどのイベントが催され、どんなジャンルでも選び放題であり、次々に世界的スターが来演し、高価なチケットを予約し、ちょっとおしゃれなレストランで友人と食事をしてからイベントを楽しむという、大都会的な社交生活の火が消えた。音楽における大量消費文化が、ある日いきなり不可能になったのである。

十九世紀末とはこんな大都会型ミュージック・ライフの枠がほぼ現在と同じ形で確立された時代である（第四章を参照）。まずジャーナリズムの発達とともに「スター音楽家」が次々と生まれる（その嚆矢はフランツ・リストやパガニーニあたりである）。そして交通および通信網が整備拡張されていくとともに、これらのスターはパリやロンドンやベルリンやウィーンといった大都会を、次から次へとツアーして回るようになる。となると次に必要になるのは、スター音楽家のスケジュールを管理する人間である。音楽史で最初のマネージャーともいわれるヘルマン・ヴォルフは、もともと大指揮者でピアニストのハンス・フォン・ビューローの秘書をしていた男で、初期のベルリン・フィルを事務方として支え、それを世界的オーケストラへと育てた黒子（くろご）であるが、このヴォルフ音楽事務所を含め、世紀転換期にはもうかなりの数の音楽マネージメント会社が存在して業界を仕切っていた。

近代のミュージック・ライフのまさに下部構造というべきであろうが、大ホールを稼働させるためには大量の電気が必要になるということも、忘れてはならないだろう。すでに一九

1900年第5回パリ万博電気館．電気がテーマのこの万博ではウィーン・フィルもマーラーに率いられて初の国外ツアーを行い，巨大なトロカデロ宮殿で演奏会をした
提供：国立国会図書館デジタルコレクション

〇〇年のパリ万博の目玉が「電気」であった。会場の中心は「電気館」であり、さまざまな色に変化するその照明が、その前にあった噴水に美しく映えたといわれる。このころにはオペラ劇場やホールももう電気で稼働するようになっており、第一次大戦末期のウィーンでは石炭不足のためにしばしば演奏中に停電が起きたというが、これは当時すでにミュージック・ライフがいかに電力供給に依存していたかということの証明だ。そしてこんなふうに夜ごと電気によるシャンデリアで煌々と照らされるホールや劇場に集うのは、着飾ったブルジョワ紳士淑女たちであった。

大戦勃発前のヨーロッパのミュージック・ライフは極めてバブル的であった。音楽は急速に商品化していった。「クラシック＝芸術／ポピュラー＝商品」などという単純な二分法を真に受けてはいけない。そもそも十九世紀末あたりから、わたしたちが今日「クラシック」

と呼んでいるジャンルが率先して、自らを商品化し始めたといってもいいのである。例えば晩年のヴェルディ、あるいはリヒャルト・シュトラウスは、途方もないギャラをとることで有名だった。

音楽が商品化されるとともに重要になっていくのが、いろいろな購買層のニーズに合わせたスタイルの多様化である。交響曲ばかりでは庶民には売れない。あるいは音楽に知的なものを求めているわけではない金満ブルジョワにも退屈される。だから「オー・ソレ・ミオ」のような貧しい移民のノスタルジーをくすぐる歌、あるいは「わが夢の都ウィーン」のような「ご当地演歌」ともいうべき歌、あるいは社交界のスノブたちのプライドをくすぐるレハール『メリー・ウィドウ』のようなオペレッタ、はたまた前衛性によってスキャンダラスな話題作りを狙ったリヒャルト・シュトラウスのオペラ『サロメ』など、まったく性格の違う作品がほとんど同時代に作られるようになった（『メリー・ウィドウ』と『サロメ』はどちらも一九〇五年、ディ・カプア『オー・ソレ・ミオ』は一八九八年、シエチンスキー『わが夢の都ウィーン』は一九一二年）。ほとんど無節操とも思えるほどのジャンルの多様化が、その後の百年の間にさらに加速したことについてはいうまでもない。

そして降ってわいたような非常事態は、多くの人々に従来の飽食的な音楽生活への強い反省をうながすことになる。ウィーンのある音楽雑誌には、交通網の遮断によってスター演奏家のコンサートがなくなったことについて、「ただしこれは音楽文化にとって決して悪いことばかりではない。なぜなら、ヴィルトゥオーソの洪水が静まることで、演奏会の洪水の河床を深め、水路を穏やかに、より健全にしてくれるはずだからである」とある（*Berliner Allgemeine Zeitung*, XLI.Jg. Nr.40〔2.10.1914〕）。また徴兵されて戦場にいたパウル・ベッカーも同様に、「芸術と戦争」という一九一五年の記事で、次のように主張した（Paul Bekker, *Kritische Zeitbilder*, Berlin 1921, p.193）。

「〔音楽は私たちの精神的財産であり〕それは、私たちが集い、絆を強め、高めあうことに奉仕しなければならない。それは私たちの偉大な芸術家たちによって蓄えられた国の宝であり、そこから私たちは道徳的な力や抵抗力を生み出すのだ。そのような財産を商業に委ねて、勝手に搾取できるがままにすることは、小麦粉の浪費に許可を与えるのと同じくらい犯罪的である。いや、そのほうがもっと犯罪的だといっていい」

音楽関係者ばかりではない。激戦地ヴェルダンに投入され、そこで戦死した表現主義の画家フランツ・マルクは、戦争によって芸術がただの娯楽ではなく、浄化されたより高きものになることを希求した。第一次大戦についての最も深い精神的思索であるトーマス・マンの『非政治的人間の考察』（一九一八年）も忘れられない。そこで彼は、戦前社会の「背徳」「経済万能」「ばかげた繁栄崇拝」を激しく呪った（中巻、筑摩書房、二一三ページ）。しかし大戦勃発よりも前にすでに、例えば一九〇九年に発表された未来派の詩人マリネッティによる『未来派宣言』は、世界を健全に保つ唯一の方法として、戦争を熱烈に待望していた。マリネッティは強烈なマッチョ志向の「右翼」であり、『未来派宣言』においても軍国主義と愛国心とアナーキストの撃滅と殺人と女性蔑視を熱烈にたたえている。しかしフランツ・マルクやトーマス・マンのようなどちらかといえば左翼寄りの思想の持ち主もまた、従来の資本主義的飽食を呪い、戦争がこれらを浄化してくれることを、つまり世界をより健全なものに戻すことを希求していた。

第一次大戦の後に政治的にどのような事態が進行し始めたかを、今のわたしたちはよく知っている。いうまでもなくファシストの台頭である。右も左もともに異口同音に同じようなことをいう――緊急事態とはこういう状況を作り出すものなのかもしれず、そしてそれはまたとても危なかしいことでもある。

そして何も変わらなかった？

戦争が（兵役が）終わって故郷に戻った音楽家たちの多くが感じたもの、それは強い乖離感であった。つまり戦争が始まる前の状況、せめてそれこそを戦争が変えるかもしれないと一縷（いちる）の望みを託していた従来の因習的な音楽状況が、平然とそのまま続いている、あるいは再開されていることへの絶望だ。作曲家のモーリス・ラヴェルやパウル・ヒンデミット（二人とも西部戦線の激戦地に投入された）をはじめ、戦争の最前線を実際に体験した偉大な音楽家は数多いが、ここでは大指揮者フリッツ・ブッシュ（一八九〇―一九五一）が自伝で書いているエピソードを紹介する（Fritz Busch, *Aus dem Leben eines Musikers*, Frankfurt 1982）。

戦場のラヴェル．彼は志願して最激戦地の一つヴェルダンで負傷兵を運ぶジープの運転手をした

ブッシュが志願兵として投入されたのは地獄絵図が繰り広げられたベルギー西部の激戦地イープルであったが、彼がそこで経験したことを読むと言葉を失う。例えば、ある村で彼の部隊が三列に整列させられたことがあり、本来の背丈からいえばブッシュは最前列のはずだったが、その列は人が多すぎたので、上官はぶつぶついいながら彼を三列目の最後に移した。しかしブッシュより前の二列の兵士たちは、最激戦地の一つとしてあまりに名高いランゲマルク（イープルの北5キロに位置）に投入されて全滅した。また彼は戦場で、自分がかつて指

揮者をしていたアーヘンの合唱団で歌っていた男と再会したのだが、それは戦闘中の塹壕においてだった。話しているうち、この男はブッシュのことをとても尊敬していたことがわかったが、しかし彼は会話の三十分後に戦死した。またブッシュ自身も、爆弾で池にふっとばされて、水の中で夕方まで銃撃を浴びながらなんとか生き延びたという。また、ドイツ軍によって一九一五年四月に行われた世界初の凄惨な毒ガス攻撃を目撃するなど、すさまじい経験をしている。兵士とは『ヘンゼルとグレーテル』の童話のようなもので、最初は魔女によってぬくぬくと育てられ、いっぱい食べさせられ、そして最後は調理される運命なのだと、ブッシュは述懐している（p.115）。

そんな彼が除隊になるのは一九一八年初めである。音楽監督のポジションを得たシュトゥットガルトのオペラ劇場におもむき、そこでヴェルディ『ラ・トラヴィアータ』（一八五三年）を久しぶりに聴いたときの嘔吐(おうと)のようなものを、彼は次のようにいう。「〔戦争の影響で演奏レベルは非常に低かったが、それ以上に〕作品の精神が私を卒倒させた。それは実にくだらぬものと聞こえた。第二幕のジェルモンのアリアに至ってはまるで喜劇で、私たちはほうほうのていで劇場を後にした」。そしてその帰り道、彼はたまたま教会からベートーヴェンの『ミサ・ソレムニス』（一八二三年）の「ベネディクトゥス」を人々が歌うのを耳にした。彼はいう。「私はオペラに行ったことを、まるで悪魔に魂を売ったかのように後悔した」

(p.118)。

ここではグルメ的に美声を味わい、舞台にも衣装にもものすごく金をかけ、つめかける金満市民たちに贅沢な余暇の悦楽を与えるという、戦前ヨーロッパのバブル的なミュージック・ライフの象徴として、『ラ・トラヴィアータ』の名が挙げられている。吐露されているのは、「あんなことがあってなお、銃後では人々が呑気にこんなものをまだ平然と聴いている……」という絶望、あるいは「こんなくだらないものを戦争前はどうして何の疑問ももたずに聴けていたのか?」という自問、そして「あんなことがあってなお聴けるもの」と「もはや聴けないもの」とが自分の中ではっきり分かれてしまった乖離感だ。

同じように戦場で二年をすごしたパウル・ベッカーも除隊後、ブッシュとよく似た感慨をもったようである。「故郷への道」と題された一九一九年の擬似対話形式のエッセイで彼が「戦前の飽食グルメ文化的音楽」とでもいうべきものとして俎上にのせるのは、マスカーニの『カヴァレリア・ルスティカーナ』(一八九〇年)とレオンカヴァッロの『道化師』(一八九二年)だ。この二つのイタリア・オペラは時間的に短いので、よくセットで上演されるのである(Paul Bekker, *Klang und Eros*, Stuttgart 1922, p.172)。

架空の対話は次のようなものだ。これらのオペラをあまりにも甘ったるすぎると憤激する友人に対して、もう一人の人物はいう。「君は物事を深刻に捉えすぎるよ。僕にはあれは心理学的に興味深かったな。四年間この種のものを何も聴かなかったから、まるで新しいもののような魅力があるんだ。確かに以前こんなものが可能だったということには驚いた。世紀末の時代の感情の大雑把さ、精神とは何の所縁（ゆかり）もない娯楽衝動、芸術上のたわいなさを、この二つの作品ほどまざまざと意識したことは珍しい。人は頭を抱えて言う——「あの頃劇場に座って拍手をしていた人たちは、いったいどんな連中だったんだろう？」と。でも僕らに怒る権利があるんだろうか？　今日の人々は違うというんだろうか？　戦争の業火をくぐり抜けることで、革命の結果を通して、人々は何か変わったとでも言うのかい？　私たちは相変わらず、人間性というものについて、高く評価しすぎていると僕は思うね。すべては衣装が変わるだけ。友よ、それについて笑おう、怒りはもっとましなもののために取っておこうよ」。

ベッカーが自嘲を込めて告白しているのはおそらく、「あれだけのことがあったのに、結局は何も変わらなかった」という無力感である。大戦終結の一九一八年（スペイン風邪（かぜ）が流行し始めた年でもある）に作られたストラヴィンスキー『兵士の物語』は、帰還した兵士が例外なく感じただろう、こんなアパシーを表現した大傑作だ。行進曲やワルツやタンゴのメロディの安っぽい破片が、「内容」を完全に抜き取られ無意味化されて漂っている。戦争前にも盛り場のあちこちから響いていただろう陳腐なフレーズが、相も変わらずいたるところで流れているのだが、しかしそれらはどれも呆けたような無気力な表情をしている……。

第一次大戦から何を学ぶか

第一次大戦下の音楽状況についてのキーワードは、おそらく次のようにまとめられるだろう。まず音楽は当初「不要不急」扱いされてストップしたが、戦争の長期化とともに（これは今の状況のシミュレーションにとってもとりわけ重要な点だ）、音楽バブルが生じたということ。ただしそれにより音楽は体制にとっての「有用性」（国民を落ち着かせ励ます娯楽としてのそれ）へ回収されたということ。しかしそれはまた、人々の音楽への渇望がそれほどまでに強かったからだということ。そして当時の多くの人々は今と違い、自分で音楽を奏でることでこの欲求を満たせたということ。また危機を芸術浄化（脱資本主義化）のための好機と考えた識者がかなりの数いたということ。しかし結局何も変わらないと多くの人が感じたということ。

――未来に対して明るくなれることはあまり多くはない。しかしながらまた、「これから」を考えるときのいくつかの要点が見えることも確かだろう。それに、たとえ「何も変わらない」としても、予測しておいて初めて変えられる何かはあるだろう。さらにいうならば、一見何も変わらなかったと見えて、長い目で見るならば実は深いところで、根本から「あのと

ジョセフィン・ベーカーは，第一次大戦後の1920年代文化を象徴するアメリカのダンサー．ピカソやダヌンツィオといった錚々たる芸術家が「黒いビーナス」の異名をとる彼女に熱狂した

き」を境に何もかもが変わってしまったとわかる場合もあるはずだ。事実音楽だけに限っても、第一次大戦後の一九二〇年代になって多くのことが一変してしまったと、今はわかる。レコードが劇的に普及し、さらにラジオ放送も始まり、また第一次大戦に遅れて「救世主」として参戦したアメリカが、政治的のみならず文化的にも世界的ヘゲモニーを握るとともに、世界中でアメリカ発のポピュラー音楽が聴かれるようになり始める。これらは第一次大戦後の音楽史潮流の劇的変化のほんの一例である。

一見したところ昔と何も変わらない毎日がやがて復帰する。しかし後になって気づく根本的変化は確実に起きる。ならばせめていろいろシミュレーションしてみても無駄ではあるまい。これが第一次大戦中の音楽をめぐるいろいろなエピソードが我々に与える教訓の一つである。

第二部　コロナ後に「勝利の歌」を歌えるか
——「近代音楽」の解体

2019年12月１日，大阪城ホールで開催された「サントリー１万人の第九」．同日，中国の湖北省武漢市で最初の新型コロナウイルス感染症患者が報告された
提供：MBS

第四章　《第九》のリミット——凱歌の時間図式

いつか誰もが「喪は明けた」と感じる状況が到来するとしよう。これまでならば、人々はそれを巨大イベントで祝ったはずである。そのフィナーレを飾るのが勝利の音楽だ。「苦難を通り抜けて勝利に至る」という物語に災いを回収し、ことを希望と夢に満ちた右肩上がりの時間図式に当てはめる。しかし今回の事態において、果たして凱歌が歌える日が来るだろうか、歌っていいのか、あるいは本当に歌いたいと思えるか？　ベートーヴェンの《第九》に象徴されるような、「勝利の歌」の可能性／不可能性について考えるときが来ている。

そのときどんな歌を口ずさもうか

日本経済新聞の「春秋」コラム（二〇二〇年四月十七日）に「その時（＝人と再び触れ合えるようになる日）、どんな歌を口ずさもうか」という一節を見つけて考え込んだ。これは大変な難問だ。そのままの意味、つまり「何を歌いたい気分になるか」というナイーヴな意味においても、それがはらむ幾多の形而上学的な問いの点においても。おそらく「何を歌おうか」というこの問いは、より正確には、次のように敷衍するべきだろう。一つは、現実問題として「何が歌えて何が歌えないか」ということ。二つ目に倫理的な問題として、「何を晴れ晴れと歌っていいか、何を歌うことが後ろめたく感じられるか」ということ。そして三つ目に、心理学的な意味で、「何を歌いたい気分になるか」ということ。ここには三重の問いが隠されている。

これまで何度も強調してきたように、少なくとも数ヵ月の間、わたしたちは音楽がほぼ消えた時間を生きていた。だからコロナ後に歌われる音楽は、必然的に「喪明けの音楽」という性格を帯びなくてはなるまい。「コロナ後」とは、とりあえずはイベント再開が可能になって以後と考えてもいいが（二〇二〇年六月半ばあたりから、ヨーロッパでも日本でも少しずつコンサートやライブがいろいろな制限つきで再開され始めた）、それ以上にわたしは「後顧の憂いなく集える以前のような状況がほぼ戻ってから」のことを念頭に置いている。

今日のわたしたちは、これまた何度もいうように、ありとあらゆる「録楽」に囲まれているが故に、音楽が地上からほとんど消えていたということに、あまり気づいていない。だから「コロナ後に初めて聴く音楽は特別なものなのだ」という認識も、いまひとつ人々の意識にはっきりのぼってきていない（少なくともわたしにはそう見える）。しかしながら「その時口ずさむ歌」とは、極論するならば、「今回の事態をどう自分の中で総括し物語化するか」ということにほかなるまい。しかも有名ホールにおけるコンサートのように公的イベントの性格が強いものであれば、そこで何を歌うか（奏でるか）は、個人的な気分や嗜好を超えた社会的メッセージにすらなりうる。だから、世界中で音楽が死んでしまった状況の「後」において、ただ単に以前から予定していた通りのプログラムでコンサート・ライフを再開するというだけでは、まったく不十分である。それでは「音楽はただの不要不急の娯楽でした（でもやっと再開できるようになりました）」と自分で言っているようなものではないか。

喪明けを勝利の凱歌で祝うか、それともまず鎮魂を歌うか？　倫理的にどんな音楽なら人が聴いていい、歌ってもいい、今こそ歌うべきだと感じるか？　そして現実問題として何なら可能で、何は不可能なのか？——オリンピック延期（中止）とも問題は似ているが、喪が明けたと世界中のみながなんとはなしに感じるようになったとき、最初に集って聴く音楽の選択は、極論するならばコロナ後の世界観の選択そのものである。

《第九》のリミット

これまでわたしはしばしばベートーヴェンの《第九》に言及してきた。別に「名曲」だからとか、「好きだから／嫌いだから」などという素朴な理由からではない。暗がりを通り抜けて最後は光の世界へ到達し、そして無数の人々が一箇所に集い友愛の絆を祝福する――こうした《第九》の時間イメージの図式こそ、近代市民社会の音楽的アイコンそのものだと考えるからである。つまりコロナ禍が「近代」のさまざまな自明を土台からゆさぶったのだとするならば、そして今「近代とは何だったのか」をラディカルに再吟味するときが来ているとすれば、音楽における「近代」の牙城としての《第九》への問いを避けることはできないと思うのだ。

「公式音楽」というものがある。国家式典の類に向いている音楽、とりわけ勝利宣言などの折に、歴史の区切りとして高らかに響かせるのに適した類の音楽だ。すぐに思い浮かぶのはファンファーレや国歌の斉唱などだろう。国家の鳴り響く象徴として機能する音楽ということだ。シベリウスが作曲した『フィンランディア』（一八九九／一九〇〇年）やヴェルディのオペラ『ナブッコ』（一八四一年）の愛国的合唱曲「行けわが想い、黄金の翼にのって」などは、国境を越えて知られる「国民の歌」である。ただし『フィンランディア』にせよ『ナブッコ』にせよ、これらはあくまで国民国家の歌であり、国境を越えて知られてはいても、国境を越えて「わたしたちの歌」として歌われることはない。その強烈なナショナリズムの故に普遍性は弱い。しかし《第九》は違う。それはまさに国家を超えた人間賛歌として文句なしに機能してきた。ベルリンの壁崩壊のときも当然のようにメモリアルとして歌われた。《第九》のテーマはEUの歌（欧州の歌）でもある。それであればEUのどの国民も文句はいわないということだ。そして《第九》はまた、第一次大戦の最中に極東日本の鳴門の収容所で、ドイツ人捕虜たちによって日本初演されもした。世界市民の友愛のシンボルであり続けてきたのだ。

年末になると《第九》だらけになる（なっていた）日本と違って、ヨーロッパではこの作品は、劇場の落成式といった特別な機会に演奏される特別な曲という性格が強い。とはいえ二〇二〇年はベートーヴェン生誕二百五十年のメモリアルイヤーだったから、今年はさぞ多くの《第九》公演が予定されていただろう。しかしその大半が中止を余儀なくされたはずだ。これは音楽的事件というにとどまらず、人類史の中での二〇二〇年を象徴する出来事ですらあると思う。オーケストラと合唱を組み合わせたこの種の作品が、演奏者を密集させるという点で、コロナ後の再開が最も危ぶまれるジャンルであることもさりながら（第三章を参照）、何よりわたしが考えているのは、「《第九》再開困難」ということがもつ形而上学的な意味である。

端的にいえば、この状況の中でもし《第九》を上演したとして、それは《第九》が表象する理念の空洞化をあからさまに視覚化する場にならざるを得まいと、わたしは思っている。

ベートーヴェンはフランス革命世代であり、若き日に熱狂した「自由・平等・友愛」の夢が、《第九》にも刻印されている。つまりステージにところ狭しと合唱団やオーケストラ・メンバーを並べることで得られる圧倒的な響きの密度は、単なる音響効果にとどまらず、世界中の人々が抱き合うという友愛理念の可聴化にほかならないのである。しかるに衛生上の理由から合唱メンバー間にシールドを立てたりしたら何が起きるか？「抱き合え」と歌っているのに、歌手同士はお互いよそよそしく、いつまでたっても距離を縮めようとしないという、ブラックジョークのような光景が出現するはずであろう。《第九》でベートーヴェンは「分け隔てなく抱き合おう！」と社会に呼びかけた。だからこそ《第九》は民主主義の鳴り響くアイコンたり得た。しかし今やこの高邁（こうまい）な理念は衛生学の前に屈し、「感染リスクの高い行為」のレッテルを貼られた――どう考えてもコロナ後の《第九》上演は、この悪い冗談のような現実を思い知らされる場とならざるを得ないと感じるのだ。

さらにいうならば、たとえ完全に以前と同じ状態で《第九》が上演できるようになったとしても、いいようのない後味の悪さのようなものが残らないはずはないし、また残らなければいけないと、わたしは考える。コロナ禍にあって、まさに《第九》が呼びかけたように、いったい何千もの人々が互いを恐れず集まり、肩を組み、マスクすら外し、大声をあげたのは、いったい何においてであったか？　いうまでもなく人種差別に抗議する大規模デモ――二〇二〇年五月にミネアポリスで白人警官の取り押さえによる黒人の死亡事件が起き、それに抗議する形で全米へと拡大した——においてである。しかし平時であれば《第九》を歌う人々として誰よりふさわしかったはずの彼らは、よりによって自由と平等の国であったはずのアメリカにおいて、警官によって催涙ガスを撃ち込まれ、あろうことか大統領からはテロリスト呼ばわりされ、デモの一部は暴徒化したのだ。これを忘れて《第九》を聴いてはなるまい。またコロナ禍がまさにブレグジット(イギリスのEU離脱)の最中に襲来し、この間にWHOは国家のいさかいの場と化し、EUも友愛の絆としてまったく役立たずであることを露呈したことについても、決して忘れてはならない。これらの現実を知っていながら、今さらどんな顔をしてナイーヴに「さあ抱き合おう」などと歌えるか?——これがわたしの素朴な疑念である。

「ビッグイベント」の原型としての《第九》

《第九》は音楽における「近代」のいわば本丸だ。しかも「近代市民社会の友愛理念の象徴」といった高邁な思想的側面だけでなく、生々しい「興行としての下部構造」という点でもまた、こういってよければグロテスクなまでに「近代」そのものなのである。あの巨大な音量とステージにずらりと並ぶオーケストラ団員、歌手、合唱を思い出すがいい。あれが

「ビッグイベント」でなくてなんだろう？　初演時にすでに百人以上という並外れた規模の合唱団が動員されたといわれるが、一万人以上を収容する今日のイベント会場でも、《第九》は何の遜色もなく上演が可能だ。またヴィジュアルの壮観さの点でも、それは現代のアイドル系コンサートなどにまったくひけをとるまい。十九世紀にはまだこんなものはほとんどなかった。八百人以上を要するベルリオーズの誇大妄想的な『テ・デウム』（一八五五年初演）、そしてかなり後のマーラーの交響曲第二番「復活」（一八九五年全曲初演）くらいしか、わたしは類例を思いつかない。それにもちろんこれらの作品にしたところで、そのモデルは《第九》である。ベートーヴェンは遠い未来の超巨大空間で鳴り響く音楽を、まだ実際にはそんな建物が存在もしていないような時代に、すでに構想していた。《第九》は間違いなく今日のロック・コンサートやスポーツ祭典などの祖型なのである。

こうした「ビッグイベント」というものが成立するためには、そもそも何が機能していなければならないか考えてみる。まず巨大建築の設計施工技術、建物を煌々と照らし出す大量の電力供給、手際よくイベントを進行させるための裏方技術者が必須だ。出演者と契約を交わし、広範囲にPRをし、チケット販売を手配するマネージメントなども不可欠である。また当日のイベントを寸分の狂いもなく円滑に運ぶための綿密なタイムスケジュールおよびスケジュール遂行のための厳格な管理者（当然指揮者もイベント管理者の一人である）も要る。

そして何より、莫大な費用がペイするだけのオーディエンス（つまり大都会）の存在がなくてはイベントは経済的に成り立たない――このように、近代のイベント系音楽はすべて、高度なテクノロジー、綿密に設計されたシステム、巨大コングロマリット、そして大都会があって初めて可能になるものだったのだ。

欧米でビッグイベント系コンサートを可能にする制度が整ってくるのは、十九世紀の後半のことである。前章でもスケッチしたような大都会型ミュージック・ライフの枠が確立される時代である。帝国主義のヨーロッパ社会は、巨大イベントへの果てしない欲望に取り憑かれ始める。合唱祭、体育祭、音楽祭、万博など、枚挙にいとまはない。一例を挙げるなら、世紀転換期のウィーン市は、熱病にうなされたように音楽祭を催したがった。一八九七年のシューベルト生誕百年祭、一九〇六年のモーツァルト生誕百五十年祭、一九〇九年のハイドン没後百年祭、一九一〇年のウィーン・フィル設立五十年祭といった具合である。これらはすべて観光客誘致のためでもあった。

信じられないような規模の巨大ホールが競って建設されるようになるのも、この時代からである。例えば今でもウィーンにある「コンツェルトハウス」（一九一三年落成）というホールの原型は、もともと「オリンピオン」という施設だったのだが（一八九〇年設計）、これは野外ホールやスケートリンクまで含んだ建物で、計画では四万人を収容する予定だったという。さすがにこの四万人プランは実現しなかったが、それでもコンツェルトハウスの大ホールは二千人を収容可能、舞台は百人のオーケストラと六百人の歌手をのせられ、さらに八百五十人収容可能の中ホールと五百五十人収容可能の小ホールを有し、しかもロビーは大中小ホールを同時稼働しても大丈夫なように四千人を収容でき、そのうえ練習室や事務所や資料室まであるというから、気が遠くなりそうな規模だ。

「千人の交響曲」初演のリハーサル風景（ミュンヘン）．「新祝祭音楽堂」と呼ばれた巨大な博覧会会場は，今ではドイツ博物館になっている．この時代にはこうした巨大会場が次々に建設されていた

あるいはベルリン・フィルのホームグラウンドである旧「フィルハーモニー」ホール（現在のそれは戦後の一九六三年に再建されたもの）は、二千二百人を収容できたといい、もともとスケートリンクだったものを一八八二年に改築したという。また一九一〇年にミュンヘン・フィルによってマーラーの交響曲第八番（通称「千人の交響曲」）が初演されたのは、もともとミュンヘン博覧会の会場の一つだったホールで、こ

こには三千人を収容できた。そしてマーラーがウィーン・フィルとともにパリに演奏旅行に出かけた際のホールの一つが、四千人を収容できるトロカデロ宮殿だった。オリンピック誘致が決まった都市で、巨大アリーナの建設ラッシュが起きる現代と、様相はほとんど変わらない。

当時の最新技術を駆使して建てられた巨大ホール、あるいは大規模な音楽祭のオープニングなどでは、当然のように頻繁に《第九》が記念上演された。それは市民社会の友愛のシンボルであるのみならず、近代の大量人口集中型社会の輝ける象徴であった。密集によって発生する社会の熱気を可聴化するのである。例えば右に紹介したウィーンの巨大なコンツェルトハウスの落成も《第九》で祝われた。それはまさにトフラーのいう「第二の波」の社会(第三章を参照)、つまり無数の人を一箇所に集め、その熱による大量生産を動力とする社会のアイコンだったのである。

一八〇八年に旧ウィーン大学の講堂で、見たところ五百人以上の客を集め、ハイドンのオラトリオ『天地創造』が演奏されたときの様子を描いた有名な絵がある。当時としては大イベントだっただろうが、今このウィーン大学の講堂の絵を見ると、そののんびりした親密な雰囲気に思わず微笑(ほほえ)んでしまう。しかしオーケストラと合唱の組み合わせは、当時としては最大限の音量を得ることができるものだった。ベートーヴェンの《第九》もまた、このハイ

ウィーン大学で行われたハイドンのオラトリオ『天地創造』の演奏風景（1808年３月27日）．当時としては未聞のビッグイベントであった

ドン作品の上演に触発されたのではないだろうか。それから百年も経たないうち、照明はろうそくから電気になり、ホールはレンガ造りから鉄骨フレームとコンクリートを用いるようになり、何千人もの客を集めるイベントを連日のように催せるような時代が来る。それ以来わたしたちは百年以上にわたって、巨大ホールに集って「盛り上がるイベント／盛り上がる音楽」に熱狂する日々を送ってきた。

巨大イベント会場は現代における神殿である。それは資本主義とテクノロジーが可能にしたものであり、そこで鳴り響く音楽とは極論するならば近代市民社会／資本主義／テクノロジー賛歌だ。こういうタイプの音楽に集団で熱狂するとき、わたしたちはそれが歌われる空間、そして空間を成立させているさまざまな社会的制度も、無意識のうちに受け入れてきた。しかるにコロナ禍は《第九》を含むビッグイベント向き音楽の下部構造を直撃し、人々が集まって熱くなることを不可能にしてしまった。「何千人もが集って一緒に盛り上がる」ことが難しくなるという状況、《第九》の上演不能という事態は自ずと、「近代社会のエンジン停止」という象徴的意味を帯びてこざるを得ないのである。

人生は《第九》じゃない？

今日その存立が根底から問われているのは、《第九》が体現している「右肩上がりの時間」という近代の物語自体である。例えば経済界の重鎮などが「コロナ後のV字回復」について語るとき、彼らはこうした時間モデルに何の疑いも抱いていないわけだろう。《第九》をはじめとするベートーヴェンの交響曲が基本フォーマットを確立した時間図式、つまり「最後は盛り上がって勝利に至る」というプロットは、いまだに強くわたしたちを呪縛している。ロック・コンサートもハリウッド映画もスポーツ祭典も、そして政治家の演説も、このパターンを踏襲していないものはないといって過言ではない。

例えばイラク戦争のときのブッシュ大統領の勝利宣言をテレビで見ながら、わたしは反射的にベートーヴェンの交響曲を連想していた。そして思った。「でも現実は交響曲じゃないんだけど？　そんなにすっきりすべてが宣言で終了するはずがないんだけど？」と。政治家の勝利宣言が、本当は終わってもいないものを終わったことにするための儀式だとすると、音楽やスポーツは人々に少なくともひととき「終了」を本気で信じさせるための不可欠の仕掛けだ。明日から新しい日々が始まるような気分に人を引きずり込むのである。こんな「盛り上がる物語」の呪縛からいかにして脱するか。これこそコロナ後の時間論の喫緊の課題だ。

そもそも勝利宣言型の時間図式の金字塔を打ち立てたといっていいベートーヴェンからして、実はすでにその晩年作品からは、勝ち誇る身振りがほとんど姿を消していた。最後のピアノ・ソナタ第三十二番（一八二二年）などはこの「アンチ・フィナーレ型」の典型だ（第五章を参照）。そしてベートーヴェン（一七七〇―一八二七）の次の世代であるシューベルト（一七九七―一八二八）になると、さらにはっきり「勝利宣言の不能」が刻印されることになる。そもそも彼の代表作が「未完成交響曲」（一八六五年初演、現在は七番とされている）ではないか。「勝ち誇って了」とすることができなかったのだ。周知のようにシューベルトの「未完成交響曲」は、最初の二楽章だけが完成され、三楽章はスケッチが残されているのみである。しかし未完成であるにもかかわらず、この作品は「未完成なもの」として完璧に完成している。二楽章は、道半ばで息絶えていくようにして、無限のピアニッシモへと消えていく。もうここに何かが続くことはできない。これで終わりだ。だが完成によって終わるのではない。未解決な何かを残したまま先が続けられなくなってしまい、そのまま筆が止まるという感覚が、極めて特異である。

またチャイコフスキー（一八四〇―一八九三）は賑々しい勝利宣言的フィナーレを得意とした人だったが、そんな彼の最後の交響曲第六番「悲愴」（一八九三年）も、シューベルト作品と同じく「消えていく終わり」だった。あるいは勝利宣言型とアンチ・フィナーレ型の終わりの間を生涯揺れていた作曲家であるマーラー（一八六〇―一九一一）の場合、第一番（一八八九年初演）や第二番や第八番は文句なく前者に属するにせよ、その最後の交響曲第九番（一九〇九年）はまたしても「消えゆく終わり」のタイプであった。終楽章の大詰めではチェロのソロが、それまでの主要動機を反転させた音型を弱音で奏でる。とても印象的なフレーズであるが、それはかすかな一筋の希望のようにも、かすかな疑念のようにも聞こえる。とても謎めいた箇所だ。聴き手に疑問を残したまま、何かがすっきりしないまま終わるのである。

今から振り返ると、「勝利宣言型」の交響曲を書いて文句なしに成功したのは、結局ベートーヴェンだけだったように思える。彼は十九世紀の初めを生きた人であった。わたしたちがその最末期を生きているのかもしれない近代市民社会が、まだ若く期待に胸を膨らませ、ちょうどとば口に立ったばかりの時代の子であった。

パウル・ベッカーは近代市民社会における音楽の使命が、「絶えず膨張し、見たところまったく有機性を欠いているように思える群衆に、一体感を喚起すること」だったと述べ、そしてベートーヴェンの交響曲は「聴衆というカオスのようなマスを公衆へと作り変え」、そして「彼らに意志と目的を与える」ことに成功したという（Paul Bekker, *Das deutsche Musikleben*, Berlin 1916, p.41)。ベートーヴェンは生まれたばかりの混沌とした社会に、「友愛で団結して明日を目指せ、勝利は待っている！」と呼びかけた。その後二百年もの長きにわたって効力を持ち続けることになる時間モデルを、ベートーヴェンは音楽で見事に表現することに成功したということだ。しかしながらコロナ禍は、《第九》的な物語がもはや社会の生々しい現実とどうしようもなく乖離し始めていて、もうその最終段階に来ているのかもしれないということを露わにした。

いつの日か来るだろう《第九》再演を、ただの「音楽イベント」として消費してはいけない。むしろわたしは《第九》を、二百年前のベートーヴェンからの「今」への問いだと思いたい——「わたしが《第九》で夢見た理想社会を君たちは嘘だったと思うか？　それとも君たちはなおこの理念をなんとか再建しようとするか？」という問いである。

強権体制における勝利宣言型の音楽——ショスタコーヴィッチの創作

シューベルト、チャイコフスキー、マーラー——すでに十九世紀にあって何人かの天才的な作曲家は、もはや「最後は勝つ」などと楽天的なことはいえなくなっていたように見える。そして二十世紀に入るとともに、映画音楽やポップスのコンサートやスポーツ式典のための音楽を別にすれば、勝利宣言型音楽を書いてそれなりに成功した例はさらに減る。

二十世紀以後にこういうタイプのものを書いて、毀誉褒貶（きよほうへん）はあれど、ある程度それに成功した作曲家といえば、ソ連のショスタコーヴィッチ（一九〇六—一九七五）の名前を真っ先に挙げねばなるまい。天才的としかいいようのない初期作品（例えば交響曲第一番〔一九二六年初演〕など）を聴くと、彼の本当の持ち味は、初期の無声映画を連想させるような、メカニックで皮肉が効いた軽快な音楽だったという気がする。またピアノ三重奏曲第二番（一九四四年）のような、ユダヤ民謡を使った阿鼻叫喚（あびきょうかん）と歪んだ悲劇的戯画なども、彼の本領中の本領だった。しかしショスタコーヴィッチは旧ソ連を代表する公式作曲家として、公式の場で体制賛美の音楽を書くことが期待されるポジションにあった。つまり彼には「立派な交響曲」を書く義務があった。国家の秩序と強さと正統性、そして国民の一体感を歌う交響曲を書かねばならなかったのである。

ショスタコーヴィッチの創作人生の半分近くはスターリン体制下にあったが、彼は十五曲もの交響曲を残した。その多くの初演は、ソ連の公式作曲家の交響曲ということで、ほとんど国家的行事のような性格をもっていた。室内楽や歌曲のような半ばプライベートな性格をもつジャンルと、交響曲という公式ジャンルとでは、その社会的な意味の重さが違う。したがって彼の交響曲の中には、特にロシア革命を描いた第十一番（一九五七年）と第十二番（一九六一年）のように、相当プロパガンダ的と聞こえる作品も少なくない。端的にいえばこれらは、少なくとも表面的に聴けば、ソヴィエト共産党賛歌的な交響曲である。

そんな彼の交響曲の中で、体制翼賛的な性格を前面に出しつつも、広く受け入れられた作品といえば、第五番（一九三七年）と第七番「レニングラード」（一九四一年）が筆頭に来る。そのうち第五番は、音楽だけを聴いていると、まるで第二次大戦中にソヴィエト国民を励ますために書かれた音楽のように聞こえる。とりわけ終楽章では戦闘機の絨毯（じゅうたん）爆撃のような音型が滑空し、そして大詰めではメタリックに輝く金管群が、まるで重戦車のようにあらゆる障害を問答無用で踏みつけながら、これでもかこれでもかと勝利を咆哮（ほうこう）する。しかし実際にこれが作曲されたのは一九三七年であって、これもまた来るべきカタストロフと勝利を音楽が予感していた好例といっていいだろう。

この交響曲の勝利のフィナーレで何より印象的なのは、凱歌のための躊躇（ちゅうちょ）ない物量作戦である。金管、ティンパニー、シンバルなど、強大な音量を得られるあらゆる楽器が次から次へと投入される。そして力ずくで敵を制圧するように、最後の主和音が大音量で延々と鳴り続く。だがその響きはあくまで冷たい。金管などのメタリックなサウンドが、機械美による陶酔とでもいうべきものに聴く者を引きずり込むのは間違いない。しかしはからずもここにあらわれてしまっているのは、とても非人間的な世界だ。

ここには「強権体制における凱歌」がどういうものであるか、露骨に刻印されている。「個人」はそこではプレスされ塊(マス)にされるのだ。マッシヴな響きへの異様な執着が、まさにそれを示している。この勝利の表現は音楽自体の内側から生じてくるのではなく、あくまで音楽の外から強要されたものといってもいいだろう。ベートーヴェンの《第九》との決定的な違いはここにある。《第九》のフィナーレでは個々のプレーヤーがわれ知らずのうちに力の限り弾き、合唱団の一人ひとりがもてる力のすべてを歌に託そうとするような、内発的な力が楽曲に宿っていた。もちろん美的にではなく思想的に見るとき、すでに述べたように、《第九》にいろいろと批判すべき点があることは確かだ。それでもこの作品には、物量的な力ずくではない何かがある（これについては次章でもう一度述べる）。しかしショスタコーヴィッチの第五番に、この音楽内在的な力はない。率直にいえば、この勝利の凱歌に至るまでのプロセス（つまりそれまでの楽章）が、あまりにも弛緩(しかん)している（俗語でいえば「たるい」）のである。そして長すぎる。内なる推進力が萎えているからこそ、だらだらと曲が続いてしまい、そして強権発動しないと凱歌までもっていけない。物量作戦に訴えないと曲がもたないのだ。

このショスタコーヴィッチの交響曲第五番の耳を聾（ろう）する大音響のフィナーレを聴いていると、これを演奏するプレーヤーたちは国家命令によって、喉が嗄（か）れるまで勝利を歌い続けることを強要されているのではないかという気になる。「だからやっぱり《第九》のほうがいい、《第九》のほうが名曲だ」などという単純な話ではない。音楽が直接であれ間接であれ、社会という「環境」の中で生まれる以上、そこにはそれを生み出した社会の願望、建前、夢、悪夢、そして社会の本当の顔、社会が本当は隠したがっている顔が、はからずも現れてくる。ベートーヴェンの第九番もショスタコーヴィッチの第五番も、「この社会における「人民の勝利」とはかくのごとし」とそれぞれに漏らしているということである。

勝利宣言を拒んだ音楽——ショスタコーヴィッチの第九番

第二次大戦が連合国側の勝利に終わったとき、ショスタコーヴィッチには当然ながら勝利をたたえる音楽を書くことが期待されただろう。しかも彼はこのときまでに八曲の交響曲を書いていた。つまり次の交響曲は第九番なのである。スターリンは「二十世紀の第九」を、「ソ連の威信を内外に示す第九」を欲したはずだ。だがショスタコーヴィッチの第九はこれと正反対のもの、「《第九》的なもの」を全否定するような交響曲となった。

ショスタコーヴィッチの交響曲第九番（一九四五年）は、それが第二次大戦勝利記念的な意味をもっていたことを知ればなおのこと、意表をつくような始まり方をする。第五番や第七番とはおよそ対極にある、おもちゃの兵隊の行進曲のような軽快でユーモラスな始まりなのだ。敢えて似たものを探すなら、プロコフィエフの「古典交響曲」（一九一七年）あたりだろうか。無声喜劇映画の伴奏音楽のようだといってもいいだろう。初期のジャズ・バンドかサーカス音楽を連想させ、同時に擬古典主義的な風刺が効いている。それでいて作曲者が「戦争」をはっきり意識していたことは、その行進曲調のリズムから見て取れる。あちこちで勇ましい小太鼓の進軍の合図や金管のファンファーレが響く。しかしそれは一向にまとまらず盛り上がらない。それどころかわざと調子外れに吹かれる。調子外れなのにいつまでも修正されない。永遠に続くブラックコメディだ。堂々巡りが繰り返されるばかりであり、賑やかではあるが、作曲者自身はそれを信じていない。

ここでショスタコーヴィッチは、自分の第五交響曲（および第七交響曲）の勝利の凱歌を、まるで思い切りパロディにしているようである。だがこんな風刺的表現が当局に許されるはずもなく、一九四八年のいわゆるジダーノフ批判（ソ連当局による前衛芸術の取り締まり統制で、中央委員会書記アンドレイ・ジダーノフが主導した）によって、再びショスタコーヴィッチは激しい糾弾を受けることとなった。彼が次の交響曲第十番を発表するのはスターリンの死の直後、一九五三年のことである。

なおショスタコーヴィッチと並ぶソ連の公式作曲家といっていいプロコフィエフ（一八九一—一九五三）は、実はすでに一九一八年に西側に亡命していたのだが、政治的に非常にナイーヴな人で、帰国ツアーをした際の大歓待によって目が眩み、ソ連の実情も知らずに帰国を決めた。よりによってスターリンによる大粛清の最中の一九三六年のことである。まったくの政治音痴であった彼だが、対独戦争によりかつてない愛国心に目覚め、交響曲第五番を書いた。プロコフィエフにとっても作品一〇〇という節目だったこの作品は、ソ連の勝利を目前にした一九四五年一月にモスクワで初演された。事実上の終戦宣言音楽といってもいいだろう。演奏会前には祝砲が打ち上げられたといわれ、音楽内容は総じて楽天的で技法的にも素朴、しかし演奏効果は非常に華やかという、国威発揚の場に申し分なくフィットするこの作品は、当然ながら大成功を収めた。

ショスタコーヴィッチの第九番とプロコフィエフの第五番を比べると、体制に合う作品と合わない作品の違いがはっきりとわかる。前者はひねくれている。後者は素直に勇気づける。前者は「結局何も変わらない」と暗示し、後者は「新しい明日がある」と約束する。だが今から振り返ったとき、もちろんプロコフィエフ作品の圧倒的な筆の練達を認めるにやぶさかではないにせよ、「人間」や「歴史」や「世のならい」について深い認識を与えてくれるのは、間違いなくショスタコーヴィッチのほうだ。そしてドイツという共通の敵国があることで生じたアメリカとソ連の連帯は、いうまでもなく終戦後ほどなくしてあっという間に瓦解し、冷戦（そして核実験合戦）という新たな戦争が始まった。

第二章でも引用した三・一一のときのインタビューで、坂本龍一は次のようにいっている。

「〔音で伝わってくる気配は〕どうしてもきれいな物語にはならないんですけどね。真実というのはむしろ、普通の人にとっては嫌なものです。ノアの方舟（はこぶね）のノアだって、世界中でただひとり「洪水がくる」と言っていたわけでしょう。他の人は嫌なわけですよ。〔中略〕いまそんなことをTwitterでつぶやいたら、炎上しちゃいますよね（笑）。〔中略〕真実をつぶやかれると困る人が多いので、その反対の物語を作って、みんなで「頑張ろう」といって防御する。壁を作るというか、真実を見ないようにするんじゃないのかな」

こんなふうに考えるならば、安直な約束をしない音楽、耳障りな音楽、体制が望む勝利宣言にくみしない、いや、むしろその癇に障るような芸術表現こそが、明日について何かを予告してくれているのだと思いたくなる。災いが過ぎたと感じられたときほど、勝利を歌うことに対しては懐疑的であったほうがいい。

それでもベートーヴェンの《第九》は何かが違う？

本章でわたしは《第九》についてかなり批判的なことを書いた。その理念の歴史的賞味期限がそろそろ切れかけているのではないかと示唆し、それをビッグイベント用音楽の原型だとも呼んだ。しかしながらベートーヴェンの《第九》は、いうまでもなくクラシック音楽最大の聖域の一つであり、第一章で紹介したアドルノのように違和感をストレートに口にした人もいるにせよ、それと批判的に向き合うのには相当な勇気がいる。だから念のためにと今回、改めて何度もスコアを見ながら聴いてみた。演奏は一九四二年三月のフルトヴェングラー指揮／ベルリン・フィルの録音（録楽）だ。伝説の名演である。ちなみにフルトヴェングラーは同年四月十九日にヒトラー誕生日の前夜祭としても同曲を指揮しており、こちらの一部は映像が残っているのだが、演奏終了後に聴衆の一人だった宣伝相ゲッベルスと握手していることでも知られる。

録音にまつわるこうした政治的背景もあり、また事前にかなり「《第九》的なもの」に対して懐疑的になっていたこともあって、「コロナの時代のフルトヴェングラーの《第九》」に対して、わたしはあまり期待していなかった。しかし一聴してわたしは驚愕した。八十年も前のこの録音を聴いて、そのすさまじい迫力に打ちのめされた。コロナ禍の時代にあってなお、この「抱き合え！」のメッセージは確かに有効性を微塵も失っていないのだ。凡百の

「明日を約束する音楽」とはどこかがまったく違う。この違いが具体的にいったい何なのかを知ろうと、思わず何度も繰り返して聴いた。そしてベートーヴェン／フルトヴェングラーの音楽がかくも感動的な理由は、それが「立ち止まることを知っている」ということに尽きるという結論に達した。「力ずく」が微塵もないのである。これが例えばショスタコーヴィッチの作品などとの決定的な違いである。

どれだけ斜に構えている聴き手であっても絶対にケチなどつけられないのが、とりわけ三楽章であろう。この深い静けさの表現に、この落ち着いた深い呼吸に、肩を並べられる音楽はそうはない。ここで人は自分自身に立ち戻れる、自身の時間の流れを再び見いだせる。内側から力が自ずと湧いてくるまで、ずっと静かに一人になれる。そんな時間が二十分も続く。そして四楽章に入ってもなお、実は「イケイケ」の行進曲がずっと続いているわけではなく、折に触れて音楽は潮が引くようにして静まり、三楽章の沈思が回顧される。自分の中へとこもる時間が作られている。のべつまくなしにみんなで一緒に叫ぶことを強要されているわけではまったくない。

特に四楽章の締めくくり、フィナーレの頂きも間近に見え、誰もが「もうこれで終わる」と感じ、そこへ向けて音楽が渾身の力で突っ走るかと思えたとき、再び潮が引いて天からの声のような合唱が一瞬こだまする。この箇所は本当に比類がない。四分の三拍子になって

「楽園の乙女たちよ」と歌われる、ほんの一小節半ほどのパッセージだ。だがクライマックスの手前にこうした一瞬の「たわみ」と「ため」を作ることこそ、《第九》型の音楽を書こうとした後世のどんな作曲家にもできなかったことだ。熱狂と内省、畳みかけとすかし、有無をいわせぬタイトさと一息つける隙間を絶えず行き来しながら、《第九》はフィナーレへ向かう。そして最後の凱歌をあげる一歩手前でも、ふと立ち止まってみせる。例えばショスタコーヴィッチの交響曲第五番や第七番とは違って、ここでは決して集団的なものへとすべてがプレスされ押しつぶされてしまうことがない。いつでも聴き手は一人に戻れる。我に返ることができる。

《第九》においては親密圏と公共圏とが比類なく合体されている。巨大イベント会場の壮麗や熱狂が、誰もいない教会での祈りと一体になっている。驚嘆するほかない精緻さでもって、両者のバランスが「作品」として作り込まれている。だからこそヒロイズムの高揚が圧倒的な説得力をもつ。これはまさに文句なしの不滅の名作である。初演（一八二四年）から二百年近くを経てすら、そしてコロナ危機の渦中においてすら、その音楽構造の強度がまったく落ちておらず、いちぶの破綻も見せないのだから。

大傑作の魔力の危うさ

しかしながら、それでもなおわたしが《第九》にある懸念を抱いてしまうのは、実はまさにこの音楽構造の強度の見事さの故である。それは構成と統合の技術の比類なさであり、音楽が美的に素晴らしいからといって、それは思想的な有効性と何の関係もないともいえるからである。ただひたすら「音楽として」見事に構成されているからこそ、それはどんな場であろうが、ゲッベルスが臨席していようが、ベルリンの壁崩壊の歓喜だろうが、その場に臨む者たちを感動の渦で自動的に圧倒するのだとすれば、そして集まった人々を何もかもが解決したような気にさせてしまうのだとすれば、それはとても危険なことではあるまいか。かくいうわたしにしても、かつての日常が完全に回復し、そしてポスト・コロナ時代の最初の《第九》の上演に臨席したりすることがあれば、この音楽の強烈な魔力に抵抗などできないかもしれないと思う。しかしそのとき、音楽がもたらす「感動」のどこかに、意図せざる善意の欺瞞が入り込んでこないとは限るまい。そろそろ思考回路の中から一掃しなくてはならないはずの、旧態依然たる「近代」の思考モデルを温存させ、あるいはそれがなお有効であるかのような錯覚を起こさせ、それに未練がましくしがみつかせて、そのせいで新しい思考形式の大胆な模索ができなくなってしまわないという保証はない。何より警戒すべきはそこだ。

作曲家（シェーンベルクがモデルだともいわれる）を描いたトーマス・マンの長篇小説『ファウストゥス博士』（一九四七年）において、主人公レーヴァーキューンは次のようにいう。「善なるもの、高貴なるもの、つまり善かつ高貴であるにもかかわらず人間的などと言われているもの、そんなものはあってはならない。それを求めて人間たちが闘い、城壁を作り、理想の現実に満たされた者たちが熱狂的に告げ知らせたもの、そんなものはあってはならないんだ。そんなものは撤回するんだ」。友人ツァイトブロームの「何を撤回しろというんだね？」という問いに、レーヴァーキューンはにべもなく「第九交響曲さ」と応じる。

少し細かく解題してみよう。まず「善なるもの、高貴なるもの、つまり善かつ高貴であるにもかかわらず人間的などと言われているもの、そんなものはあってはならない」――これは「人間など善でもなければ高貴でもない、人間的なものなど悪意以外であるはずがない、「人間的なもの／ヒューマンなもの」をやれ善だ高貴だなどとたたえるのは、欺瞞以外のなにものでもない」と意訳できるだろう。

次の「それを求めて人間たちが闘い、城壁を作り、理想の現実に満たされた者たちが熱狂的に告げ知らせたもの」もまた、善のことである。人間性のことである。人間のため、正義のためと称して、人間は戦争をし、城壁を作って他者を排除してきた。そして善の理想が現実にどんな過酷な結末を生み出すか実際に見聞きしているにもかかわらず、欺瞞に満ちた理想をなおたたえる輩が必ずいる。あろうことか彼らは善について熱狂的に支持する。であるならば、そんな「よき市民」のアイコンである第九交響曲など撤回すべきだというのが、レーヴァーキューンの意見である。

極論とはいえ傾聴すべき事柄は含まれている。「撤回」はいいすぎであるとしても、《第九》的な世界観と時間モデルを一度カッコに入れて、ほかの可能性を考える必要性は喫緊だ。「音楽的な見事さがそれ以外の思想的な可能性を見えなくしてしまう」ということがあってはならないからである。

第五章　音楽が終わるとき——時間モデルの諸類型

なんらかのカタストロフが生じたとき、人は思わずふだんから刷り込まれた物語に頼る。複雑なストーリーである必要はない。「最後は勝つ」といった単純な時間イメージの図式で十分だ。こういう刷り込みに際して、音楽はしばしば途方もない威力を発揮する。しかし前章で見たように、「右肩上がり」の時間モデルの賞味期限は明らかに切れかけている。ならば、それ以外の時間モデルとはどのようなものがありうるのか。帰依（きえ）、定型終止、諦念、サドンデス、終わりなき反復——過去の音楽の中から、右肩上がり以外の時間モデルを探してみよう。

右肩上がりの時間の呪縛を脱する

「右肩上がりに盛り上がる時間の呪縛からいかに脱するか」という問いが、コロナ以前からすでに、全人類の喫緊の課題であったことについてはいうまでもあるまい。石油が永遠にあるわけではなく、GDPが永遠に増え続けるわけがなく、人間の能力が無限に向上していくわけでもないということは、長らくいろいろな人によって語られてきた。にもかかわらず、人々が「右肩上がり」の夢をいまだに捨てられないとするなら、その理由の一つは、ふだんから聴いている音楽にあるのではないかと、誇張抜きで思うことがある。もちろん音楽の代わりに映画やスポーツであってもいい。わたしが問題としたいのは、「ただの娯楽だ」と思って消費しているものからの、無意識の刷り込みである。とりわけ「君はヒーローだ」とか「明日は明るい」とか「愛は永遠だ」といったメッセージには気をつけたほうがいい。これらの標語は右肩上がりの時間表象と大なり小なり結託しがちだからだ。

「まえがき」でも触れたジョルダーノは『コロナの時代の僕ら』で、「〔わたしたちは〕「まさかの事態」を受け入れようとせず、もっと見慣れたカテゴリーに無理矢理押しこめるという過ちを飽きもせずに繰り返してきた」（二〇二一一〇三ページ）という。こうした「見慣れたカテゴリー」は何より、ふだんからいつも見たり聞いたりしている音楽や映画やテレビ番組によって形成される。ましてベートーヴェンの《第九》のように、右肩上がりの時間を絶対的な説得力でもって現前させる音楽作品があっては、いつまでたっても永遠に近代の重力圏から脱せないのではないかという気がしてくる。

前章でも述べたように、このベートーヴェン以後の「右肩上がりに盛り上がるタイプの音楽」は、近代市民社会／資本主義と軌を一にして発展してきた。しかしながら、こと西洋音楽に限ってみても、「右肩上がりではない音楽」は数多い。すでに触れたシューベルトの「未完成交響曲」などもそれだ。「必ずしも音楽は／人生は盛り上がる必要はない」という当たり前の事実を確認するために、本章では「右肩上がり」以外の終わり方をする音楽を、いくつかの類型に分けてみることにする。

わたしたちはふだん、曲の「始まり」についてはよく意識している。イントロだけで何の曲かすぐわかる人もかなりいる。だがそういう人にしたところで、ある曲が「どう終わっているか」については、あまり意識が回っていないだろう。しかし考えてみれば人生とは時間イメージのプランそのものだとすらいえるわけだから、「生き方モデル」として音楽を考えようとするときに本当に重要なのは、「終わり」まで含めたこのトータルな時間プランなのではあるまいか。

音楽の歴史を「終わり方」に注目して眺めると、右肩上がりの時間イメージというものが近代以後の音楽に固有のものだったことがわかる。せいぜい二百余年ほどの歴史しかないのだ。勝利へ向かってみんなで盛り上がり、最後は「さあ抱き合おう！」と叫ぶフィナーレが来るといった物語が、ほとんど無効になりかけている今、「盛り上がらない」音楽について知るということは、右肩上がり以外の生き方を探すことにほかならないと、わたしは考えている。

ベートーヴェン以前の音楽の終わり方──帰依型と定型型

右にも述べたように、「最後が盛り上がる」というタイプの音楽は、ベートーヴェン以前にはまったく存在していない。バッハの作品にベートーヴェンのようにあられもなく盛り上がる作品が一つでもあるだろうか？　例えば彼の『平均律クラヴィーア曲集』第一巻（一七二二年）の最初の前奏曲は、近代以後の音楽とはまったく違う終わり方をしている。それはいわば「帰依型」とでも呼ぶべきものであり、ルネサンスからバッハあたりまでの、特に宗教合唱曲によく見られるタイプの終わりなのだ。まだ教会というものが強い精神的プレゼンスを保っていた時代の音楽の終わり方である。それは決して終わりへ向けて盛り上がらず、淡々としている。そもそも「終わる」ということに過剰な自意識や執着がない。しかも不思議なことに、『平均律クラヴィーア曲集』が好例だが、最後の和音が消えた後もずっと、まるで沈黙の中でまだ曲は続いているかのように、音楽の残像が心に反響し続ける。だから録音で聴いていると往々にして、終わりを聞き逃すということも起きる。曲とその後の沈黙が地続きなのだ。かといって、後のシューベルト「未完成」やマーラーの交響曲第九番のように、弱音でいつまでも未練がましく引き延ばされるわけでもなく、きっぱりと静かに閉じられ沈黙に場を譲る。帰依するのである。

こういう音楽の中に当時の人々の死生観を見ることはたやすい。いうまでもなく「音楽を書く／音楽をする」とは人の営みである。してみれば曲の終わりとは、人の営みの象徴的な死だ。しかし帰依型の音楽を書いた人たちにとって、曲の終わりも人生の終わりも、ただの仮象にすぎなかったのであろう。さっきまで聞こえていた音が聞こえなくなる。だがそれは単に人間の耳に聞こえなくなっただけであり、何か大いなるものはそのまま続いていく。こうした音楽は沈黙を恐れない。永遠に続く時間の中へと安らかに消えていく。これは不滅といったことを本当に信じることができた人々の音楽である。

バッハより後の十八世紀後半の人だったハイドンやモーツァルトになると、音楽の中にもっと人間的な喜怒哀楽が入ってくる。音楽の中にアップダウンが入ってくるといってもいいであろう。その意味でベートーヴェン的な「人間のドラマとしての音楽」はもう目前だともいえる。また音楽の終わり方にしても、バッハあたりまでと比べ、総じてもっと賑やかになる。とはいえハイドンやモーツァルトの曲は、ベートーヴェン以後のように果てしなく盛り上がることはない。終わりに対して過剰な執着がない点では、バッハなどと共通している。「足るを知る」——喜ばしい締めくくりではあっても勝利宣言にはならない。交響曲にしろ協奏曲にしろディヴェルティメントにしろオペラにしろ、彼らの作品の終わりはいわば「賑やかなシャンシャン」だ。わたしはそれを「定型型」と呼びたい（なお後に述べるよう、ジャズの大半もこの「定型型」の終わり方をする）。

実際ハイドンやモーツァルトの音楽は、何を聴いても終わり方はよく似ている。ファンファーレが鳴って、全オーケストラが「ド・ミ・ソ・ミ・ド〜」とやって、それで終わり。パターン化されている。あらかじめ「尺」が決まっていて、しかるべき時刻が来たら（例えば交響曲なら三十分前後のところで）とりあえず三本締めをして、すぐに店じまいするといえばわかりやすいだろう。ここにはベートーヴェン以後の音楽が忘れてしまった時間表象が刻印されている。いろいろな矛盾は残っていてもとりあえず終わっておく、終わりにそれ以上の意味はない、それでも一応終わらねばならないという感覚である。

勝利宣言型の終わりは沈黙恐怖症か

右にも述べたように、ハイドンやモーツァルトの曲の終わりには、ベートーヴェン以後の音楽のような凱旋的性格はほとんどない。これは重要な違いである。時代的な違いは少しであるにもかかわらず、モーツァルトの最後の交響曲第四十一番「ジュピター」（一七八八年）をベートーヴェンの交響曲第五番「運命」（一八〇八年）の終わりと比較すると、そのあまりの違いに唖然とする。前者はこのうえなく華やかにファンファーレを響かせるが、あっさりそれで閉じられる。特に念押しをすることもない。祭りが終わった後はすぐに引きあげる。しかるに後者の終わりでは、げんなりするほどの執拗さでもって、勝利の和音が連打される。「どうだ、わかったか！」と拳を振り上げる。前章で述べた「勝利宣言型」の終わりの典型だ。確かに彼はフランス革命以後の人だ。革命の導火線になったバスチーユ襲撃のときも、牢獄を占拠した人々はこんなふうに雄叫びをあげたのだろうか。だが執拗に凱歌をあげ続けるベートーヴェン作品の終わりは、何かの不安の裏返しであるようにわたしには聞こえる。

いうまでもなく「音楽の終わり」とは、音がしなくなることだ。それまで音を立てていたものが動かなくなる。静まり返る。右に示唆したように、これは死の象徴である。だが十八世紀までの作曲家たちは、沈黙に場を明け渡すことに恐れを抱いてはいなかった。バッハの『マタイ受難曲』（一七二七年）はキリストの磔の物語を三時間以上にわたって描く死と弔いの音楽である。全篇が嘆きにあふれている。闇に閉ざされている。しかしよりによって最後の場面、亡くなったキリストを悼む場面で、ふと音楽の調子が明るくなる。これは不思議な感覚だ。夜明けが近づいてくる。「あなたの墓に呼びかける、静かに休みたまえ、と」の歌詞が穏やかな調子で繰り返される。淡々としている。曲を閉じることをバッハは恐れない。心安らかに大いなるものへと場を譲る。もちろんモーツァルトの交響曲などはもっと世俗的な喜びにあふれているものの、彼もまた時が来れば恬淡と幕引きをする。しかるに交響曲第五番「運命」のベートーヴェンは、場をなかなか沈黙に譲ろうとしない。

音楽が響かない時間というのは、今やわたしたちがよく知っているように、とても空虚なものだ。だから「音楽を奏でる」とは空っぽの時間を人間の生の熱で満たすことであるともいえる。ベートーヴェンはこれ以上考えられないドラマティックな形で、この時間の充塡をやってみせた。みなぎる爆発的な力でもって時間をチャージしたのだ。彼の音楽において時間は、すさまじい熱エネルギーを帯びて爆走する。虚空にこだまする時間の歩みに対して戦いを挑み、それを人間のドラマで満たし、そして人間の手で時間を勝ち取る。彼の「熱血型交響曲」とも呼ぶべき第三番「エロイカ」、第五番「運命」、そして第九番は、すべてこういう終わり方をする。再び《第九》を例にしてもいいが、ここでは第五番をとりあげたいと思う。ベートーヴェン作品の中でも《第九》をもしのぐような、強い勝利宣言的性格をもつ作品だからである。

交響曲第五番の終結和音は未踏の地に征服の旗を立てる勝利者の身振りに似ている。彼は占有した場を沈黙に譲る気はない。延々と「ザン、ザン、ザン！」とやってから、どうだとばかり最後を「ザーン」と締めくくる。こういうタイプの音楽をコンサートで上演すると、「待ってました」とばかり拍手とブラヴォーの声が来るだろう。これは理由のないことではない。こうした音楽は沈黙に対する勝利宣言なのだから、空白が来てはいけないのである。

しらけてはいけないのだ。わたしが勝利宣言型フィナーレにある種の不安を感じる理由はこれである。人々は沈黙に逆戻りすることを恐れている。うがった見方をするならばここには、会話中に沈黙ができることを極端に恐れる人にも似た、一種の沈黙恐怖症が隠れている。

考えてみればバッハ作品の多くに、熱烈な拍手やブラヴォーはまったく不要であろう。それが場違いに感じられる作品すら少なくない。ミサの後のように音楽家たちと観客らが互いにお辞儀をして、そのまま立ち去ってもかまわないだろうし、そのほうが似つかわしい曲も多い。モーツァルトの交響曲ではもちろん喝采はあっていいだろうが、必ずしも拍手が義務とはいえまい。そのまま会場の外で賑やかに花火を打ち上げ、それでもってお開きにしても、まったく不自然ではない。これらの音楽は沈黙と和解することを知っている。

それに対して勝利宣言型音楽は暗黙裡（あんもくり）に空白を恐れている。例えばホール収容人数に制限をかけ、半分ほどしか客を入れられないようになったら、そうやってできる空白によって最もダメージを受けるのはこうしたタイプの音楽だろう。熱さが沈黙恐怖症の裏返しだとすれば、それは何より「空白によって熱が冷えること」に弱いのだ（空間の問題については終章を参照）。ベートーヴェン以後の巨大熱量型音楽のフィナーレは、神の世界の中に安住できなくなった人間の実存の不安だ。神を信じなくなった人間はもはや、とめどなく流れていく時間の無常に安らかに身をゆだねることができない。だから空虚な時間に凱歌のピリオドを打ち、それをせき止めることを始めた。「ゆく河の流れは絶えずして」という無常の感覚が怖いから、時間という川にダムを建てようとした。構築した音の建物が川の水に流されて沈黙に逆戻りせぬよう、懸命になって終止和音という杭を時間に打ち込むのだ。「これで終わりだ！　もう大丈夫だ！　時間は怖くない！　沈黙も空白も来ない！」といわんばかりに。

渾身の力で終結和音を轟かせる大オーケストラ、勝利に顔を紅潮させた指揮者の勇壮なジェスチャー、そして万雷の喝采といった近代の祭典のイメージの背後にあるのは、すべて沈黙への恐れだ。そしてそれは結局のところ死への恐れにほかならない。延々と反復されるあれらの終止和音はまた、四六時中テレビを大きな音でつけっぱなしにしておくとか、喫茶店で絶え間なしにBGMを流すとか、ロック・コンサートで耳を聾する大音響を鳴らし続けるといった現代人の沈黙恐怖症にも、どこかでつながっている……。

近代音楽と死への恐怖（1）——諦念型

「勝利宣言型」の終わりが暗黙の裡に隠している不安は、先に述べたようにすでにベートーヴェン後期の作品にはからずも現れ始めていた。晩年のベートーヴェンは、壮年期において自分がその記念碑を打ち立てた勝利のクライマックスを、もはや信じていなかったように見えるのである。例えば彼の最後のピアノ・ソナタ第三十二番の終楽章では、延々と続くトリルが次第に小さくなっていって、最後にもう一度テーマがこだましてからすべての音が消える。これはシューベルトの「未完成」のアンチ・フィナーレ型の終わりを先取りしているともいえる（第四章を参照）。ここではこうした終わり方を「締念型」と呼ぼう。対するに彼の最後のピアノ曲の一つ『六つのバガテル』（一八二三／二四年）は、ほとんど実存主義的といいたくなるような妙な終わり方をする。天上の声が響いてくるような終曲、音楽が沈黙の中で閉じると思ったその瞬間、文脈に関係なく唐突に、「どうだ！」と言わんばかりの華々しい終止和音が轟いて、曲は終わるのである。これはベートーヴェン自身のかつての勝利宣言型フィナーレの自己パロディではあるまいか。「勝利なんてものに意味はないのさ！」――そう高笑いしているような型破りの終わりである。

ロマン派の作曲家たちは、大なり小なりベートーヴェン的な勝利宣言型モデルを踏襲するか、それとも前章で触れたシューベルトの「未完成」のような諦念型に可能性を求める方向か、どちらかを選んだといえる。すでに述べたように、諦念型の終わりとはシューベルト作品のほか、チャイコフスキーの「悲愴」やマーラーの交響曲第九番のような、気息奄々（きそくえんえん）となって消えていく終わりだ。現世に未練を残しながら、次第に弱々しくなり、やがて息絶えるのである。

この「諦念型」は一見したところ、バッハ的な「帰依型」と似ていると思えるかもしれない。だがその違いを看過してはいけない。バッハは淡々としてはいるが、はっきり終わる。沈黙の大いなる時間に場を譲る。そして終わるにあたって彼は実に淡白で自意識がないから、終わりははっきりしているにもかかわらず目立たない。対するにシューベルトやチャイコフスキーやマーラーの作品は、人の死に本当に立ち会わされているような経験を聴き手にさせる。彼らの終わりは嘆きに満たされている。死を恐れる。うめく。最後の最後まで未練を残す。諦めと勝利への執着はコインの裏表である。

先に触れたバッハの『マタイ受難曲』の最後において、キリストの墓への呼びかけに不思議な光がさしていることと、これは好対照である。近代人は死を虚無として恐れる。したがって、例えばマーラーの交響曲第九番が実際にホールで演奏されると、曲が終わった後に誰も拍手できなくなってしまう。拍手をしてもいいし、しなくてもいい、いずれにせよ何かは続いていくというバッハ作品の終わりと、これはまったく違っている。曲が終わった後の沈黙は、ここでは死が残した空白なのだ。こういうタイプの作品において、曲が終わった後、最初に手を叩き始める人には相当勇気がいるだろう。それに次第に拍手が広がり始めたとしても、ブラヴォーを連呼することに対してどこか違和感が残る。それは本質的に拍手をしてはいけない音楽だ。なぜならこれは、目の前で人ががっくりと首(こうべ)を垂れ、呼吸が止まる瞬間を再現するがごとき音楽なのだから。

近代音楽と死への恐怖（2）——サドンデス型

勝利宣言型と諦念型に並び、近代音楽にときどき見られる奇妙な終わりが、「サドンデス型」である。サドンデス＝突然死などというと聞こえが悪いが、もともとサッカー用語だ。延長戦においてできる限り短時間で勝負を決するため、どちらか一方がゴールを決めた時点で試合を終了するというルールのことを、かつてこう呼んでいた（今ではVゴール方式というようである）。わたしが考えているのは、躁の狂乱の中で突然ぜんまいが切れたみたいに停止するタイプの音楽であり、その感覚はまさにサドンデスである故、敢えてこの言葉を使う。そしてこういう終わり方をする曲を最初に書いたのは、シューベルトだったといっていいであろう。交響曲第八番「グレイト」（一八二五／二六年）である。彼は第七番「未完成」では諦念型の終わりの範型を示したから、ベートーヴェン以後の音楽の終わり方の二つの重要な類型が彼によって確立されたわけだ。

シューベルトの交響曲第八番の終楽章の狂乱はすさまじい。熱病にうなされたように同じ場所をぐるぐる旋回する。シューベルトが晩年、梅毒治療のために水銀を服用していたことはよく知られているが、何かそれが影響しているのではないかとすら思う。ブレーキが効かなくなったみたいに、音楽が止まれなくなってしまうのだ。とってつけたようにファンファーレが響いて終わるが、それまでの制限速度オーバーとでも形容したくなる勢いにブレーキをかけるには、この終止ではいかにも弱い。このフィナーレではベートーヴェンの《第九》の引用と聞こえるパッセージが何度かあらわれるが、表現されている内容はまったく違う。これは幻覚の中の躁と恐怖の交錯である。

こんな狂熱と旋回と堂々巡りの果ての「サドンデス型」を偏愛したのはラヴェルである。『ダフニスとクロエ』（一九一二年）、『ラ・ヴァルス』（一九二〇年）、『ボレロ』（一九二八年）など、彼の音楽の多くが加速の果てにイカルスのようにまっさかさまに墜落する。とりわけ『ラ・ヴァルス』の終わり方などは、飛行機の墜落を連想させずにおかない。十九世紀は蒸気機関車の登場とともに、従来になかったタイプの大災害が惹起（じゃっき）された時代でもある。いうまでもなく脱線衝突事故である。かつて大規模な列車事故は極めて頻繁に起こっていた。そして飛行機の登場とともにこうしたクラッシュ型の事故は、いったん起きたが最後、いっそう悲惨な結果を伴うものとなっていった。「速度の魅惑」とセットの「いつ起きるかわからない大事故の恐怖」という、それまでになかったタイプの時間の恐怖を、人間は抱え込んだわけである（近代における速度への陶酔と恐怖についてはフランスの哲学者ポール・ヴィリリオが『速度と政治』平凡社ライブラリーなどでたびたび論じてきた）。

実際すでに十九世紀に、有名曲でこそないものの、こういうタイプの時間の恐怖を描く音楽は書かれていた。代表的なものはロッシーニの『老いの過ち』（一八五七―六八年）という曲集の第六巻「如才のない子供たちのためのアルバム」の中の「楽しい汽車の小旅行のおかしな描写」というピアノ作品である。ここでは愉快な曲想の途中に、いきなり事故が起きる場面が挿入されている。大量の超絶技巧ピアノ曲を書いたことで知られるアルカンの『列車』作品二七b（一八七七年）という練習曲も、マニアの間では知られた曲である。この作品はほとんど演奏不能といわれるほどの難しさで、曲を聴いているだけで目が回ってくる。今にも脱線を起こしそうな列車にのせられている感覚が、猛烈なスピードの超絶技巧によって表現されている。ここまで難しいと本当にいつ大事故が起きても不思議ではない。これを本番ステージで万一弾くはめになったとしたら、ピアニストは文字通りの意味で生きた心地がしないであろう。

ループ型の音楽について

以上に類型化した音楽はすべて、いわゆる「作品音楽」である。つまり構成を楽譜という形であらかじめ緻密に設計し、作り込むタイプの音楽だ。これはクラシック系音楽に特有のもので、作品音楽＝クラシック音楽と考えてもそんなに間違いではないだろう。音楽に限らず美術でも詩作でも演劇でも、ヨーロッパ芸術では伝統的に「作品」の条件とは、自己完結性と作者性だと考えられてきた。その名に値する作品は、それ自体として一つの完成された世界を作っていなければならない。「世界」を創れるのは本来神だけであるが、しかし偉大な芸術家は小さな世界を一人の力で創造できる。だから芸術家は神にも等しい存在なのだという考え方である。

「作品」において何より重要なのは「完成されていること」である。「最後まで書けませんでした、エンディングは各自が考えて下さい」などといっていては、「作者」とは認められまい。そしてクラシック音楽の作曲家とは、こうした「作品としての音楽」の理念を深く刷り込まれている人たちだから、彼らはいわば終わりへ向けて書く。完成へ向けて作品を書く。終わりの必然性を何より尊ぶ。「アイデアはいいんだけどねえ……」といわれるようでは「作曲家」の名がすたる。だから起承転結のまとまりを重視する。したがって自ずと曲の終わり方=作品の完成の仕方には、彼らの世界観そのものが現れてくる。

しかしこれとは別に二十世紀半ばごろより、おそらくポピュラー音楽の世界から、新しいタイプの音楽の終わり方が生まれてくる。これをわたしは「ループ型」と形容したい。例えば歌手がすべてのコーラスが歌い終わった後、伴奏楽器がずっとメロディの印象的な一節を反復（ループ）し、次第に音量を下げてフェードアウトし、いつの間にか消えるように終わるというやり方である。もちろん最後に目立たぬように終止和音にもっていくときもある。

ループするごとにどんどん音量を上げていって盛り上げ、最後に「ジャーン」と決めるタイプもありだ。フランク・シナトラのような古いジャズ・シンガーの録音には、こういう終わり方が多い。とりわけライブの場合ならば、この最後の「ジャーン」は歌手が決めポーズをとる見せ場になるだろう。だがこんなふうに最後に終止和音にもっていく場合でも、音楽が反復を繰り返して消えていくという基本構図に変わりはない。終止和音は付け足しだ。

こうしたループ終止のルーツはダンス音楽の習慣にあると考えていいだろう。例えばスイング時代のジャズのような音楽である。お客の様子を見ながらバンドマンたちは、彼らがまだまだ踊りたそうだったら、曲のコーラスが終わってもそのまま定型的で短いコード進行を繰り返し（バンプという）、そして適当な頃合いを見計らってアイコンタクトによる「せいの！」で終わる。ケースバイケースで、盛り上げて終わることも、トーンダウンして終わることもあるだろう。こうしたループ型終止の源流をさらにたどるなら、短くて覚えやすい単純なリズムを、夜通し延々とエンドレスで繰り返す祭りの踊りに、そのルーツはあるのかもしれない。サンバでも阿波（あわ）踊りでも原理は同じだ。そこに終わりはない。ループ型の音楽とは「終わりなき祭り」である。

この文脈でわたしが興味深いと思うのは、モダン・ジャズにおいて印象的な終わり方をするものが、意外に少ないことである。そのセッションは多くの場合、みなのアドリブのアイデアが尽きてきたら、アイコンタクトでテーマに戻り、そして定型的な終止パターンにもっていくことがほとんどなのだ。終わりにあまり趣向を凝らさない。これまでの類型でいえば定型型である。「時間が来たら様子を見てやめる」という終わりだ。ほとんど唯一の例外は晩年のビル・エヴァンスで、特に彼が繰り返し弾いた「いつか王子様が」や「マイ・ロマンス」などいくつかの曲において、テーマが戻ってきてからエンディングまでの造形は、どの録音を聴いてもすさまじくエキサイティングだ。だがほかのミュージシャンについていえば、「終わり」が印象的な録音をわたしはほとんど思い出せない。おそらく「ループを繰り返して様子を見てなんとなく終わる」というダンス音楽の記憶が、モダン・ジャズの偉大な音楽家たちにおいてもなお残っているのであろう。

ミニマル・ミュージックの場合

こうしたポピュラー音楽的なループ原理を作曲原理そのものとしたのが、いわゆるミニマル・ミュージックである。これは一九六〇年後半から注目を集めるようになった、アメリカ実験音楽の潮流の一つで（ヒッピー文化の影響は看過できない）、例えばリゲティのようなシリアスな前衛音楽家にも、環境音楽のはしりでどちらかといえばポップスに近かったブライアン・イーノのような人にも、多大な影響を与えた。

ミニマル・ミュージックにももちろんいろいろなスタイルがあるが、端的にいってそれは曲全体をループ原理だけで作る実験だったと、わたしは理解している。二小節程度の単純なモチーフを延々と繰り返すのである。ミニマル・ミュージック系でキャリア的に最も成功した一人はスティーヴ・ライヒ（一九三六―）、そしてフィリップ・グラス（一九三七―）であろうが、ライヒの作品ではほとんどいつもといっていいほど、リズム的にも音程的にも極めて単純な短いモチーフが、ひたすらエンドレスに続く。ループする。ダイナミクスも、ゆるやかなクレッシェンドとデクレッシェンドが波のように打ち寄せるものの、劇的な変化はまったくない。意図的に睡眠導入剤的な平坦（へいたん）さを狙う。だが反復される短い音型は、実は知らぬ間に少しずつ変化し、あるいはズレていく。そして気がついたときには、最初と全然違うパターンになっている。あるテクスチャーないし砂浜の風景ないし雨足の音の模様などが、いつも同じに見えて、気がつくとそのグラデーションが変化している感覚だ。

こうしたループによるグラデーション変化という発想については、着想時の面白いエピソードが知られている。あるときライヒは二つのまったく同じテープ録音を、二台のテープレコーダーで同時再生していた。しかしテープレコーダーの回転速度が少しだけ違っていたため、気がつくと二つのテープがズレていて、非常に面白い効果を生んだのだった。これが反復やズレを利用した作曲法のきっかけだったというのである。初期のライヒは作曲家としてこのズレ自体を意識的に音楽原理にしようとした。これを漸次的位相変移という。この技法による代表作の一つ『イッツ・ゴナ・レイン』(一九六五年)は、「イッツ・ゴナ・レイン!(雨が来るだろう)」という叫び声の録音をループし続け、幾重にもタイミングをずらしていくテープ音楽で、いわば電気呪術とでもいうべき強烈な効果を作り出している。

少なくとも初期においてミニマル・ミュージックのループは、何度も同じことを反復させることで生じる意識の混乱や呪術的な効果を、意図的に狙っていたように思う(このズレの問題は次章でもう一度とりあげる)。きちんと仕上げられた演奏をステージでお客さんに聴かせるというより、演奏者たちに一種の集団催眠を体験させることが主眼なのだ。単純な音型を夜通し繰り返す。だんだん頭が朦朧としてズレてくる。でもそれが面白い。ミニマル・ミュージックの作曲家の多くはジャズ(とりわけジョン・コルトレーン)や民族音楽に強い興味をもっていたから、このあたりからヒントを得たのかもしれない。ヒッピー文化の影響も受けているから、ドラッグ・カルチャー的なものをそこに見ることもできよう。

ただし時代が下るにしたがって、ミニマル・ミュージックは次第に「自分で音楽をやる人たちへ向けた自己解放のメッセージ」から、「自宅の居間で快適な時間をすごすリスナーのためのちょっと知的でおしゃれなBGM」に変わっていった印象を受ける。ライヒの『十八人の音楽家のための音楽』(一九七六年)がすでにそうであるが、とにかく聴きやすいのである。そして何を聴いても同じに聞こえる。評判のエスニック・レストランで昼食をとるようなニューヨークのエリートビジネスマンが、こういうものをスマートフォンのアプリでBGMとして流しながら、最先端のスーツに身を包みオフィスで企画書を書いていそうだ、などというといいすぎか。こういうことについて具体的な根拠を示して論証することはほとんど不可能だが、後年の多くのミニマル系音楽の理念型は、「おしゃれな大都市住人のためのリラクゼーション音楽」である。それらは簡単に高級ブランドのCM音楽になるであろうし、無限反復がもたらす独特の効果は、早くも映画『エクソシスト』（一九七三年）などにおいて商業音楽に応用された。よってここでは、極めて実験的だった初期のミニマル・ミュージックに対して、BGMのように聴きやすい後年のそれを「ミニマル系」として少し区別しておこうと思う。

ループ音楽が表象する時間

わたしたちが今日ふつうに生活をしていて、最も頻繁に耳に入ってくるのは、このループ型のミニマル系音楽である。印象的なメロディの一部を繰り返しながらフェードアウトして、いつの間にか終わって次の曲になるといったタイプの音楽だ。CMミュージックでも喫茶店のBGMでも、ほとんどがそうだろう。それらをわたしたちは「起承転結あるもの」として聴いたりはしない。だから終わりなども気にしない。同じように着メロや駅メロもループ音楽の一種である。電話がかかってくるたび、駅が構内に入ってくるたび、短い音型が反復されるのである。こうしたループ音楽のタイプこそ、現代人に最も深く刷り込まれた時間モデルについて、何かを語っているのかもしれない。しからばこうしたミニマル系の反復音楽は、いったいどんな時間観を示唆しているのか？

いうまでもなくループ型音楽の特徴は「終わりがないこと」である。それは「終わること」との対決から解放されているのだ。作曲家は終わりがあると思うからこそ、つまり限定された時間の中で何かを言い切らねばならないと思うからこそ、起承転結に頭を砕く。眉間にしわをよせて構成を考え抜く。ループ型音楽はこの苦闘から解放されている。もともとそれはポピュラー音楽、とりわけダンス・ミュージックに由来する技法だから当然といえば当然であるが、終わり方のことを生真面目（きまじめ）に考えたりするのはダサいといわんばかりの、いわば鼻歌をずっと口ずさむような気楽さが、そこにはある。

表面的に見たとき、ループ型音楽の時間イメージに最も近いのは、バッハのような帰依型であろう。何かがずっと続くような感覚は確かに共通している（事実ベートーヴェンのようなドラマティックな起承転結の音楽と違って、バッハの作品の多くを喫茶店のBGMとして流すことは可能だろう）。とはいえ、同じ永続のイメージに見えて、その本質はまったく違う。バッハの場合、曲自体はつつましく、しかししっかりと閉じられる。そしてその後に、人の耳にはほとんど聞こえない神の時間のようにして、沈黙の永久運動のような感覚が残される。だがループ型が目指すのは、いつまでも終わらない音楽である。それは終わりを永遠に先送りする。ずっと音が響き続ける。

しかもミニマル系音楽の独特の特徴として、この永続運動性の「起伏のなさ」が重要な特徴として加わる。ダイナミクスの変化がほとんどなく、かつリズム的にも平坦で、「ドラマ」のない時間がずっと続くのだ。ミニマル系音楽の滑らかさはここから来る。それに影響を受けているブライアン・イーノのようなアンビエント系もそうである。快適の邪魔をするものは何もない。それは特急の一等席のクッションに座っているような感覚だ。アンビエント・ミュージック（環境音楽）の嚆矢として名高い『ミュージック・フォー・エアポート』（空港のための音楽：一九七八年）を、ブライアン・イーノは空港の長い待ち時間の無聊（ぶりょう）の中で着想したといわれる。それは敢えて意識的に作られた暇つぶしの音楽なのだ。

またミニマル系の音楽の多くにいわゆるリバーブ（電子的な残響効果）が伴うことにも注意を喚起しておきたい。例えばライヒの『十八人の音楽家のための音楽』では、ヴォーカルがマイクを通す以外、電子楽器はまったく用いられていないにもかかわらず、まるでシンセサイザーのような効果が作り出されている。音楽技法的にはとても見事なものだ。この作品の録音を最初に発売したのはＥＣＭレコードである。この半世紀のジャズ・前衛音楽・クラシック音楽を常にリードしてきたといって過言でないこのレーベルは、今や癒やし系音楽に不可欠といっていいリバーブ・エフェクトを多用する独特のサウンドでも知られる。この効果によって、現実の生々しい音響世界からヴェールで隔てられているような、心地よい遮蔽感が作り出されるのだ。薄い電気膜で保護されているような感覚といえばいいだろうか。

ミニマル系音楽が多用するループが表象するのは、何のクラッシュも何のドラマもなく、快適でルーティーンな「今」がずっと続いていく時間だ。大きな感情はここにはふさわしくない。心地よいクッションに座ってうとうとしていれば、何も起こらない。しかし少しうたた寝から覚めて車窓を眺めると、いつの間にか風景は一変している。だがそれでも何も起こらない……。現代の先進国と呼ばれる地域の都会に住んで、そこそこの暮らしをしている人間は、まさにこういう時間を生きている（生きてきた）。時折とんでもないクラッシュが起きる。しかしその多くはあくまで車窓ごしに見えるにすぎない。列車の中では快適なルーティーンが毎日繰り返される。何も起こらない。ただしふと気づくと鏡の中の自分はひどく歳（とし）をとっていて、ものすごく時間が経ったことに気づく。それでも快適な旅に終わりはないはずだと、心のどこかで信じながら、毎日をすごす。そこから「終わり」との対決は完全に排除されている。

ポスト・コロナ時代の時間モデルを考える

こうして過去何百年もの音楽を思い切り大胆に類型化してみて、改めて「過去の音楽にこれからの時間モデルを見つけるのは難しい」と実感する。神が司る永遠などというものをほとんど信じられなくなっている現代人にとって、帰依型の音楽に心から身をゆだねることは難しかろう。またハイドンやモーツァルト（あるいはジャズ）に見られるような定型型においては、しかるべき時が来たら「シャンシャン」で店じまいするためには、共同体的な阿吽の呼吸が不可欠だ。全員が「そろそろだね」と自ずと片づけを始めるような共通の時間感覚である。だがこういう「空気を読む」感覚も、現代人においてはどんどん弱まっている。

近代社会のアイコンだった勝利宣言型はとても危険だ。下手をすれば根拠もなく人の気を大きくさせる安酒になる。かといって諦念型の嘆きも、今日ではもはや陳腐化しているだろう。マーラーの第九番のような終わり方は、メロドラマ映画などによってあまりにも酷使され、賞味期限が切れてしまっているように思う。もちろんだからといって、勝利宣言型のベートーヴェンの「運命」や《第九》、あるいは諦念型のマーラーの第九番の交響曲の価値をなんら傷つけるものではないにせよ、である。そしてループ型が約束する「永遠に続く快適な今」は、極論するならば、もはやその欺瞞が明らかになってしまったのではないだろうか。

となるならば残るのはサドンデス型の恐怖の終わりか……?

わたしたちはこの三十年間、予想もしなかった大カタストロフに定期的に見舞われてきた。そのたび復活と勝利の物語が持ち出され、あるいは諦念の物語で癒やされ、しかしいつの間にか過去を半ば忘れてしまい、根本的なことは何一つ変わらないまま日常はとりあえず修復され、ループ的な平坦かつ快適な時間が回復し、しかし忘れたころに再びサドンデス的なものに見舞われる数十年だったといっても過言ではない。

前衛的な音楽を大胆に目指す人たちには、安直な癒やし系ではない、次の世界を見せるような時間モデルを提示してほしいと、強く願う。ベートーヴェンやシューベルトは、二百年以上にわたって社会の思考回路を規定するようなモデルを打ち立てたのだ。極論すれば後の世のほとんどの作曲家は、十九世紀初頭に確立されたいくつかの時間モデルの中に、さまざまなコンテンツを代入してきただけだったとすらいえる。今なされるべきは、ただ「いい音楽」(美しく感動的でよく仕上げられた音楽)を書くだけでなく、既成の時間モデルの枠自体をラディカルに更新する試みである。

第六章　新たな音楽を求めて――「ズレ」と向き合う

今から約半世紀前、ベトナム戦争前後の時代に作られた五人の作曲家の実験的作品がある。これらは「音楽すること」のまったく新しいモデルを示そうとしたものであり、そこではとりわけ「ズレ」の問題が焦点化されていた。「他人と合わせるとは？」「空気を読むとは？」「ズレないとは？」「自分のペースを守るとは？」等々――「新しい生活様式」が真剣に議論される今こそ、真剣に問い直すべき生き方の根本問題が、ここですでに示唆されている。

人のすることはズレる

これまで何度も強調してきたように、音楽とはただ受け身で消費するだけの娯楽ではない。そこにはさまざまな時間イメージや空間感覚や社会のありようが、暗号のように組み込まれている。これは音楽構造そのものの中に、なんらかの生き方モデルが示唆されているということでもある。例えば前章でも示唆したように、ベートーヴェンやシューベルトは従来になかったまったく新しい「人生モデル」を、音楽作品として決定的な形で刻印したといえる。「がんばれば最後は勝利が待っている」とか、「後ろ髪ひかれつつ人生に別れを告げる」とか、「熱狂の最中で突如クラッシュする」といった時間イメージを、こんなにも鮮烈な形で音楽により示し得た人は、彼ら以前にはいなかった。そして今日なおわたしたちが、これら十九世紀初めに生まれた「勝利宣言型」とか「諦念型」とか「サドンデス型」といった時間表象に呪縛され続けていることも、これまで見た通りである。

十九世紀初頭に活躍した作曲家たちの示したモデルが、よきにつけ悪しきにつけ今なお効力を保ち続けている――わたしたちにとってリアルなものと感じられる――とすると、それは本当に途方もないことではある。有効賞味期限が二百年以上続いているのだから。しかしながらわたしは、もちろんクラシックの名作の数々を否定するわけではまったくないが、人生モデルとしてのその「賞味期限切れ」という問題も考えるべきときが来ているように思う。

ポストモダンすらすっかり古いものとなり、「ポスト・ポストモダン時代のさらにその後」を考えるべきであるとも思える今日、いまだにモダン音楽の時間モデルにしがみついていていいのだろうか？　この間に、勝利とか諦念とかサドンデスといったモダンが作り出した時間イメージ以外の、決定的に新しいモデルを見つけることに成功した人はいないのだろうか？　こう考えたとき参照点として改めて思い出すべきなのが、一九六〇年代後半から一九七〇年代前半あたりにかけての、アメリカを中心とする実験音楽である。前章で触れた（そしてかなり批判的に論じもした）ミニマル・ミュージックが、まだ手探りの型破りな実験だった時代のいろいろな試みのことである。

ベトナム戦争の時代の五人の作曲家

このころ多くの前衛的な作曲家が、「ズレ」の問題と取り組んだ。ジル・ドゥルーズの『差異と反復』（一九六八年）が出版されたのと同じころのことだ。いうまでもなく音楽における「ズレ」とは、具体的にはまず時計的なものからのズレである。アンサンブルの稽古で「そこ、ズレるな！　ちゃんと合わせて！」と、いったい一日に何度指導者からいわれることか。しかるに近代世界（とりわけ資本主義と自然科学とグローバルな移動）というものが、時計による客観的な時間計測を絶対前提として初めて成立し得たものであることを考えるなら、「ズレに取り組む」とはすなわち、近代の基盤そのものと批判的に対峙することにほかならなかったといえるだろう。

トフラーが指摘したように近代社会は、できるだけ多数の人を一箇所に集め、特定の作業を時計で測ってスケジュール通りに遂行させ、こうしたブロックをどんどん細分化させると同時に複雑に組み合わせて、生産効率を上げようとしてきた（第三章を参照）。それは緻密な時間計測があるからこそ可能になったものだった。そしてこの時間計測の単位をどんどん細分化していくことで、近代社会はますます精緻かつ大規模な作業を可能にした。空港の発着スケジュールなどには、このことが端的に可視化されているといえる。そして音楽もまた同じメカニズムで作動していたのであり、世紀転換期に数多く作られた巨大オーケストラ作品、例えばリヒャルト・シュトラウスのオペラ『サロメ』のスコアなどを見ると、これは厳密な時間測定に基づく、極限的に細分化されたスケジュール管理表以外のなにものでもないという気がしてくる。百以上のパートがそれぞれ、まさに時計の歯車のように厳密に組み合わされて、あの巨大なサウンドを生み出すのである。

とはいっても、どれだけ厳密にスケジュール管理をしたところで、人のやることは必ずズレるだろう。人間は機械ではないのだから、予定遂行を厳命されていても、クラッシュが起きることはある。だからというべきか、個人的な印象をいえば、例えば多くの音楽家たちもまた、「必ず起きる突発事故」（なんたる形容矛盾！）を常に恐れているように見える。考えてみればこれは当然で、ライブ音楽である限り、どれだけ練習を重ねたところで何十回、何百回に一度くらいは予測せざる事態が起きないはずがないのだ。音楽家たちは常にサドンデス的な時間への実存の不安を生きているとすらいえるのである。いや、音楽家だけでなくわたしたちもまた、同じ不安を生きている（生きてきた）ことに間違いなかろう。

しかしながら「ズレ」とは、「事前に摘んでおく」べきクラッシュ要因であるだけではなく、いわばハンドルの遊びのようなもので、「不可欠な無駄」（これまたなんたる形容矛盾！）でもあるだろう。これがあるからこそ、時間には快適なたわみが生まれる。偶然のズレが思わぬ発見をもたらす。また緊急事態においてもズレは、トータルとしてシステムがうまく作動するための、安全弁の役割を果たしてくれる。「ズレるのは怖い、しかしズレを怖がってそれを完全に排除すると、硬直がさらに致命的な結果をもたらす」——このことを経験的に知っているからであろうか、面白いことに超一流の音楽家は時として、敢えて全員がそろわないことを要求することがあるように思う。例えば伝説の指揮者カルロス・クライバーによるウェーバー『魔弾の射手』序曲のリハーサル風景のDVDがあるが、そこで彼はヴァイオリン奏者たちに向かって、「そこはとなりの人が入ったのを見てから自分もついて行くかんじで」と指示したりしている。そろえるな、わざとズレろということだ。

以降で扱うのは五人の作曲家である。ミニマル・ミュージックないしその影響を受けた作曲家／作品ばかりだ。彼らが行ったのは「ズレてはいけない」という近代イデオロギーの問い直しだった。近代の音楽は、例えばストラヴィンスキーやバルトークやモダン・ジャズの恐ろしく複雑なポリリズムでさえ、ズレてはならないものであった。それは厳密に設計されたズレであり、楽譜の指示通りに弾くことが絶対前提なのだ。にもかかわらず、どれだけ厳命したところで、人間のすることはときにズレる。ならばそれをどう回収するかしないか。ズレてはいけないという強迫観念からどう脱却するか。いっそ時計を捨ててしまうか。これが彼らの創作の焦点だった。ここには五人五様のまったく違った時間イメージが示されている。それらはまた異なる五つの「新しい生き方モデル」でもある。

時計を捨てる生き方──ラ・モンテ・ヤングの場合

最初にとりあげるのはラ・モンテ・ヤングというアメリカの作曲家（一九三五─）である。彼はアイダホ州のモルモン教の教区にある丸太小屋で生まれ、湖から吹く風の音、丸太小屋の隙間を抜ける風、遠くの自動車のモーター音、先住民の文化などに深く共感を抱き、ロサンゼルスで主としてジャズを学んだ。エリック・ドルフィーとはクラスメートであり、トランペット奏者のドン・チェリーおよびドラマーのビリー・ヒギンズは同じバンドのメンバーだったという（主として小沼純一『ミニマル・ミュージック』青土社による）。彼らはフリー・ジャズを代表するミュージシャンである。ちなみにアイダホはロッキー山脈の只中のアメリカで最も広大な自然保護地域がある州だ。こんなことを意識し、かつ彼の俗世を捨てた山男のような風貌を知れば、ヤングについてのおおよそのイメージはつかめよう。

ヤングの作品はいろいろネットなどで見られるが、音響だけとれば「ニューエイジ系」とか「スピリチュアル系」とか「アンビエント系」と呼ばれるものに極めて近い。というよりも彼は、後のそういう系統の音楽の祖の一人だったというべきだろう。瞑想的でどことなくエスニック（例えばインドの音楽）なサウンドが、延々と響き続ける。とりわけ純正調とドローン（持続音）に徹底的にこだわる。そしてとにかく気が長い。何時間も続くものが大半だ。

ラ・モンテ・ヤングは大都会のコンサート・カルチャーとまったく無縁なところから出てきた音楽家

提供：goodmorningcptn/CC-BY-SA-4.0

彼の作品のほとんどは、狭義の「音楽」というよりは「音楽を通した瞑想」、あるいは「音を伴うパフォーマンス」という性格が強い。そもそも「作品」という概念自体を徹底的に解体するのが彼の目的だったともいえる。例えば『デヴィッド・チュードアのためのピアノ曲』第一番（一九六〇年）。チュードアは前衛音楽を得意とした、偉大なアメリカのピアニストであるが、ここではピアニストは干し草と水の入ったバケツを用意し、それをピアノに「食べさせる」。つまり鍵盤を飼い葉おけに見立て、干し草を粛々とその上にのせていく。あるいは『コンポジション一九六〇』第二番（一九六〇年）では、聴衆の前で焚火をたき、それが消えるまで参加者は楽しむ。同じ曲集（といっていいのかどうかわからないが）の『コンポジション一九六〇』第七番（同）では、連続音が出せる楽器なら何を使ってもよく（しばしばオルガンや電子的な合成音が用いられるという）、完全五度がひたすら長く延ばされる。その初演は四時間に及んだそうである。これは一種の宗教儀礼のようなものであって、そこではもはやズレなどは問題にすらならない。

こうしたパフォーマンスからも想像がつくように、ヤングはジョン・レノン夫人のヨーコ・オノが主要メンバーだったことでも知られるフルクサスの運動と深いかかわりをもっていたようである。固定した「作品」を作るのではなく、一回限りの過激なパフォーマンス（いわゆるハプニング）によって問題を提起するという芸術運動だ。右に紹介したヤングの「作品」は、それなりにとても有名であるし、ネットでも見ることができる。ただし正直にいえば、それを「動画」というスタティックなパッケージにしてしまうとまったく面白くない。空気を共有しないで、距離を置いてただ見るだけ（聴くだけ）だと、どうにも鼻白むのだ。しかしながら、例えばロッキー山脈の人里離れた山小屋のような突拍子もない場所にあって、ヤング自身によるパフォーマンスを参加者全員が固唾をのんで見守るような状況であったなら、きっとそれは深い印象を与えるだろうとも思う。

音楽におけるパッケージ思考

今回ヤングのいろいろな作品を思い返し、彼自身のパフォーマンスに自分が居合わせた場面を想像しながら考えたのは、「パッケージ思考」ということである。わたしたちはふつう「音楽」というと、きちんと「作品（曲）」としてパッキングされたものだと思っている。ではパッケージとは何かといえば、それは例えば楽譜だったり、録音だったり、あるいは仕上げられたステージ上の演奏だったりする。音楽を作品という包装紙に包んで、聴き手の前に「どうぞ」と差し出す（プレゼンテーションする）わけである。それに対してヤングがやろうとしたのは、「作品を作者から聴衆が受け取る」という図式にどうやろうが収まらない音楽だったのではないか。

周知のようにこのところ音楽の動画配信がものすごい勢いで普及しているが、考えてみればこれまた「パッケージ思考」を抜け出していない。自分がどうして動画配信ときいてもあまり新鮮と思わないか、パッケージの比喩で考えてみて理由がよくわかった。「あなた」がいて、動画という包装紙で包んだパッケージを郵便や宅配の代わりにネットで送ってくれて、それを「わたし」が受け取って包みを解く——配信の基本にあるのは昔ながらの商品発送的な考え方なのだ。

音楽のパッケージといえば、伝達手段＝メディア（楽譜、録音、ネットなど）と同じくらい重要なのが、時間の尺である。コンテンツを一定の枠の中に入れて、起承転結のある閉じた（自己完結した）ものとする。これまたパッキング的な思想であろう。そしてジャンルごとにわたしたちは、暗黙の尺をもっている。ポップス系の曲なら五〜十分、交響曲などなら三十〜四十分（長くて一時間強）等々、この時間内に収めるのが暗黙の約束なのだ。これが音楽のためにあらかじめ用意されているボックスの標準サイズなのである。

だから例えばポップス系の曲が二十分を超えてまだ終わらなかったりしたら、わたしたちはまるで、決められた授業コマの長さ（大学なら九十分）を超えても延々としゃべっている先生につきあわされるような反応になるだろう。時計を見て、「この人、時間わかってんの？　もう授業時間を二十分も超えてるんだけど……」となるであろう。ポップス系で二十分を超えることがざらであったのはプログレッシブ・ロックであるが、彼らにしてもLPレコード片面、つまり三十分という尺は常に計算して、超えることはなかった。つまり極端な言い方をするならば、わたしたちは音楽を聴くとき、「このジャンルの音楽はだいたいこれくらいで終わるはずだ」という時計の縛りでがんじがらめになっているのである。

ラ・モンテ・ヤングとケージとオーネット・コールマンと

ここで思い出されるのが、ジョン・ケージ（一九一二―一九九二）の有名な『四分三十三秒』（一九五二年）である。ピアノの前に演奏者が座り、四分三十三秒の間そのまま何もせず、再びお辞儀をしてステージを去るという「曲」である。たとえ潜在的な形にせよ近代音楽は、まるで工場労働者のように、隅々まで時計によって管理されてきた。「シンフォニーなら三十～四十分くらい」といった尺、小節線とか四分の四拍子といった時間刻み、あるいは十六分音符や三十二分音符の超絶技巧パッセージ。これらすべてが時間スケジュールだ。わたしたちが音楽における時間管理をほとんど意識しないとすれば、それは「音楽」というコンテンツが時間枠に充塡されているからである。しかるにケージの『四分三十三秒』はこのからくりを誰にでもわかる形で示してみせた。ケージはコンテンツを空にして、枠だけが残るようにしたのだ。工場労働者にたとえるならば、仕事を「サボタージュ」した。ステージという職場に来て、ピアニストは労働をせず空の時間だけを淡々と刻ませ、ストップウォッチを見て終了時間が来たらこの職場から去るのである。

「時計からの逃走」といえば、右でも少し言及したフリー・ジャズも忘れるわけにはいかないだろう。サックス奏者のオーネット・コールマン（一九三〇―二〇一五）が中心となったフリー・ジャズの運動が始まったのは一九五〇年代の終わりごろである。従来のジャズでも、ドラムによるタイムの刻みとベースによるコード進行という固定的な「枠」のなかで「自由な」即興が行われていたが、フリー・ジャズはそれらすら廃した。全楽器がいっさいの枠組みなしに自在に即興参加する試みである。その狼煙（のろし）を上げたオーネット・コールマンのアルバム『ジャズ来るべきもの』（一九五九年）には、ラ・モンテ・ヤングが同じバンドで共演したこともあったビリー・ヒギンズとドン・チェリーが参加している。ちなみにヤングおよびスティーヴ・ライヒと並ぶミニマル・ミュージック三羽烏といっていいテリー・ライリー（彼の『In C』については後述）もドン・チェリーとのライブ録音を出しており、熱狂的なコルトレーン・ファンとして有名である。彼らとフリー・ジャズの潮流とのつながりは明らかだろう。

オーネット・コールマンの上述のアルバムの中でも最も知られている曲「ロンリー・ウーマン」を聴いてみる。少し調子が外れたように（もちろん意図してのことであろう）のんびりと吹かれるサックスのメロディ。その背後でドラムがメロディと全然関係のないせわしないビートを刻んでいる。しかしサックスはまったく意に介さない。これだけ合っていないにもかかわらず、よくドラムにつられないものだと感心する。時計に急（せ）かされてもまるで耳に入っていない、マイペースで仕事をしている人のようである。つまりここでもまた「ズレ」が焦点になっているのである。

こうやってケージの『四分三十三秒』やオーネット・コールマンの「ロンリー・ウーマ

ン」と比べてみると、ヤングの創作のラディカルさがどこにあるかよくわかる。ケージやオーネットは時計を無視する。ケージは何もしないし、オーネットはわざとのろのろ仕事をしてみせるが、しかしそれでもそこにはまだ時計がある。無視の対象として、である。それに対してヤングのパフォーマンスには、時計が入る余地がまったくない。彼が何時間も続くパフォーマンスを好むのは、時計を参加者の脳裏から完全に消し去るためだろう。わたしたちが内面化している時計刻みを忘れるには、それくらいの時間がかかるということだ。時計が追いかけてこないところへとヤングは音楽家としての営みを移した。時計がなければもうズレにびくびくすることもない。

時計が死ぬまで待つ――リゲティ『ポエム・サンフォニック』

次にとりあげるのはリゲティの『ポエム・サンフォニック（百台のメトロノームのための）』（一九六二年）である。リゲティは亡命ハンガリー人だが、彼には時代潮流に非常に敏感なところがあって、この作品もおそらくフルクサスにヒントを得ていたのではないかと想像される。またリゲティはすでに一九六〇年ごろから「マイクロ・ポリフォニー」と呼ばれる、ミニマル・ミュージックに非常に近い技法を開発していた（そしてミニマル・ミュージックがブームになってからは、あからさまにその影響を受けた）。オーケストラの個々の楽器に非常に小さな音細胞を少しずつずらして演奏させ、それでもって一種のノイズ的効果を生じさせるのである。マイクロ・ポリフォニーの傑作である『アトモスフェール』（一九六一年）は、スタンリー・キューブリックの不滅のSF映画『2001年宇宙の旅』（一九六八年）で用いられたから、知らないうちに聴いている人も多いのではないだろうか。

この「百台のメトロノームのための」と題された「作品」のシナリオは次のようなものである。まずあらかじめ百台のぜんまい式のメトロノームを用意し、そのすべてを別々の速度に設定する。そして「せいの」で同時スタート。最初のうちバラバラの時計刻みが混沌とした機械ノイズを作り出すが、やがてメトロノームの音は弱まっていき、次々に止まっていく。すると残っているメトロノームの打音の周期性は次第に明確になり、一種のポリリズムが聞こえ始める。だがやがてそれも順次止まっていき、最後に一つだけ残ったメトロノームが息絶えると、それで曲は終わる。実際に生でこれを聴くと、雨足の描写のようにも聞こえる。土砂降りが急にやってきて、しばらく続くが次第に雨足が弱まり、そしてやむ、といったかんじである（ユーチューブで何種類もの「演奏」を見ることができる）。

メトロノームの歴史

ここでメトロノームの発明に至る音楽史の大きな流れについて、少し長くなるが概観しておこう。ヨハン・ネポムク・メルツェルというドイツ人がメトロノームを発明したのは、一八一六年のことである。まさに産業革命＝資本主義発展の時代の只中である。ベートーヴェンもこれにすぐに飛びつき、自分の作品のテンポをメトロノームで指示したりした。モーツァルトやハイドンはまだメトロノームを知らなかったから、彼らとベートーヴェンの間にはこの点で深い溝があるわけだ。端的にいえばベートーヴェンは、作品を時計で管理しようとした最初の人だったのである（ただしベートーヴェン自身のメトロノームの速度指示には、ちょっと常識では考えられないようなものがあり、彼のメトロノームが狂っていたせいだという人もいるようである）。

音楽の時間を時計で管理する——その歴史は中世末期にまでさかのぼる。機械時計が発明されるのは一三〇〇年ごろであり、十四世紀にはイタリア諸都市を中心として広場に公共用時計が設置されるようになった（以下、時計の歴史については角山栄『時計の社会史』中公新書を参照）。そして興味深いことに、現在の五線譜による表記の基礎となった新しい記譜法が劇的に発展するのが、まさに十四世紀のいわゆるアルス・ノヴァの時代なのである。それは定量記譜法と呼ばれるもので、ごく単純化していうならば、音の長さを数比で客観的に表記する方法のことである。例えば今日わたしたちは二分音符とか四分音符とかいう言い方をする。一小節（全音符）を二分の一にすれば二分音符、二分音符の半分が四分音符、その半

ジョスカン・デ・プレ《ミサ・デ・ベアータ・ヴィルジネ》楽譜．小節線はまだない

分が八分音符、さらにそれを二等分すれば十六分音符になる。こういう記譜法の基礎ができたのが、十四世紀だった。

時計の性能が飛躍的に発達するのは大航海時代に入ってからである。精密な時計は航海の生命線なのだ。時は金なり、時を制する者は世界を制する。最初の個人用ウォッチは一五〇〇年ごろといわれ、それによって時間が個人のものになっていく。逆の言い方をすれば、個人も時間でコントロールされるようになるということである。一六七五年には分針が発明された。そして音楽でいえば一六〇〇年前後から、小節線というものを楽譜に引く習慣が一般化した。それ以前に音楽を小節線で規則的に区切るという発想はなかったのだ。ルネサンスの合唱曲（例えばジョスカン・デ・プレ）のあの継ぎ目のまったくない滑らかさは、小節線でいちいち音楽に区切りを入れないからこそ可能だったものだ。対するにバロック以後、音楽の流れもまた「一小節」という時計的単位で測定されるようになり始めた。さらに十八世紀半ばになると秒針つきウォッチが発明される。同じころに、時計と資本主義の先進国イギリスでは、正確な時間計測を前提とする競走競馬が始まっていた。高度の時間測定を可能にしたクロノメーター（船の揺れや温度変化に影響されない高精度な携帯用ぜんまい時計）の発明も十八世紀である。こんな時間測定の歴史の中から生まれたのが、十九世紀初めのメトロノームだったのである。

モンテヴェルディ『オルフェオ』（1607年）のシンフォニア（序曲）．バロック音楽の開始を告げるといって過言でないこの作品の初版楽譜には，はっきり小節線が引かれている

　十九世紀ロマン派以後、音楽は原則として——というのもジャズのルバートやクラシックのレチタティーヴォのように時計的に計測されないセクションも少しはあるからなのだが——「カチッカチッ」という時計＝メトロノームで測られるのが当たり前になる。スコアという音楽の設計図は、この緻密な時間測定を前提に、どんどん複雑化していく。十八世紀までのような、奏者全員の阿吽の呼吸に

よるアンサンブルはもう不可能だ。合奏における時間管理は指揮者に全面的に委ねられるようになった。すべての分業セクションを彼が集中管理するのである。これは近代的軍隊や大工場における分業とまったく同じ仕組みである。お互いがどんな作業をやっているか知らない百人近くの楽団員たちが、指揮者という名の工場長の合図だけを見て、それに従うのである。

指揮者は時間スケジュールを管理する

ちなみに「専業指揮者」が出てくるのも十九世紀後半のことである。十八世紀までは作曲家はみなチェンバロなどを弾きながら合図を出していた。例えばバッハもモーツァルトもそうである。自らも音を出してちゃんと「労働」していたわけである。そして十九世紀に入ってからも、楽器を弾きながら指揮をする風習は衰えたものの、指揮とは基本的に作曲家の仕事であった。自分が作った曲は自分で指揮するのだ。ウェーバーやワーグナーがこのタイプである。後のマーラーやリヒャルト・シュトラウスも同様だ。しかるに指令するだけの「専業指揮者」のモデルを作ったのは、ベルリン・フィルの実質的な育ての親といっていいハンス・フォン・ビューロー（一八三〇—一八九四）あたりであろう。彼にも少しは自作があったが、自分以外の作曲家の作品を指揮することに彼は人生を捧げた。そしてアルトゥール・

ニキシュ（一八五五―一九二二）やアルトゥーロ・トスカニーニ（一八六七―一九五七）になると、まったく作曲はしなくなる。指揮者はいわば労働と生産をしない管理職になる。トスカニーニの指揮ぶりはまさに「叩くマシーン」といった風であった。グリニッジを基準とする世界標準時間が定められたのは一八八四年。これはまさに近代的な専業指揮者が誕生しつつあった時代にあたる。

今日のわたしたちは、音楽には「1・2・3・4」という拍の刻みがあるのが当たり前で、音楽は必ずメトロノームで測定可能だと思っている。だからすぐに拍がズレてしまう人は「音痴だ」ということにされる。テンポ感が悪いといわれる。オーケストラのプレーヤーでもジャズやロックのミュージシャンでも、テンポ感が悪いことは致命的だ。彼らは絶対に仕事にはありつけないだろう。それくらいメトロノーム時間を遵守することは、近現代の音楽をやるうえで決定的なのである（ジャズの世界では絶対音感ならぬ絶対テンポ感がある人もいるようで、例えばドラマーのピーター・アースキンはメトロノームの設定がほんの少しズレただけですぐわかると聞いたことがある）。

しかしながらこうしたことはすべて、実はわたしたちが自覚なしに内面化しているヨーロッパ的近代の抑圧にすぎないのかもしれない。つまり音楽なら必ず拍刻みがあるわけではないのだ。能楽を考えれば十分だろう。あるいは声明（しょうみょう）でもガムランでもいい。これらを時計

『モダン・タイムス』のチャップリン．すべてが自動化されたシステムの中に巻き込まれていく社会の象徴が歯車である

的な刻みで分節測定することはナンセンスだ。つまりわたしたちは、「テンポがズレる」と「音楽の才能がない」を無条件にイコールで結ぶほどに、近代ヨーロッパが生んだ時計管理の思想を自明化しているということであろう。音楽に限らずわたしたちのあらゆる営みが、今や時計に乗っ取られている。一日の間にいったい何度わたしたちは「いつまでに」や「いつから」や「いつの間」を考えて行動していることだろう？

近代社会は資本主義であれ共産主義であれ、個々の人や組織のすべてがシステムの歯車として完璧に作動することを求めてきた。しかしいうまでもなく、国家や工場という名のマシーンの歯車は、有機的にかみ合わさっているどころか、互いに無関心に勝手なテンポでいつまでも時間を刻んだりするものであろう。チャップリンの有名な『モダン・タイムス』（一九三六年）冒頭の場面はそのことへの痛烈な批判だ。そしてリゲティは亡命ハンガリー人であったから、右に紹介した『ポエム・サンフォニック』に込められていたのは、とりわけ社会主義への批判だったのかもしれない。周知のように旧東側の社会主義国は、国家／社会をしばしば一種の工場と見立てていた。しからばこのメトロノーム作品を構想したときすでに西側に亡命していたリゲティは、「待てば、我慢すれば、そのうち国家というメトロノームは止まる」と思っていたのだろうか。

ただし、リゲティのころのメトロノームはぜんまい式だったから、放っておけばいつかは止まったけれども、今やメトロノームは総デジタル化されている。電源を抜かない限り永遠に止まらない。「いつか止まる」と放っておくだけではだめだ。リゲティ作品が表象する「無数の時計の半永久的なバラバラで無慈悲な時間刻み」は、ネット社会にあって冷戦時代にも増して息苦しいものになっている。こうした社会状況を百台のメトロノームで表現するリゲティ作品の発展形のような作品は現れないものだろうかと、真剣に考える。

三人の作曲家の反復音楽

続けてとりあげるのはオランダの作曲家ルイ・アンドリーセン（Louis Andriessen：一九三九―）の『労働組合』（Workers Union：一九七五年）、ミニマル・ミュージックの端緒ともなったアメリカのテリー・ライリー（Terry Riley：一九三五―）の『In C』（一九六四年）、そしてアメリカの前衛作曲家フレデリック・ジェフスキー（Frederic Rzewski：一九三八―）による『パニュルジュの羊』（Les Moutons de Panurge：一九六九年）である。コンセプトはどれもよく似ている。似たような紛らわしい音型を、一定の規則だけ守ってユニゾンで延々と繰り返させ、わざと奏者たちのズレを誘発するように作られているのである。何人で何の楽器でやってもいい。反復する音型はどれもとてもシンプルなので、アマチュアの飛び入り参加も可能だ。「裏に凝った仕掛けがしてある阿波踊り」といったイメージをもってもらってもいいかもしれない。「裏に凝った仕掛けがある」とはつまり、「わざとズレが生じやすいように作られている」ということである。どれも単純でよく似た音型をエンドレスに反復させるので、自ずと奏者たちはこんがらがってしまう。

わたしたちがふつう親しんでいる音楽では、ズレはあってはならないものである。作曲家は無駄にズレが生じるようなことは可能な限り避ける。しかしここでは、意図的かついたずらに、奏者を混乱させる。そこが要点だ。この三作品は「ズレが出たときにどう身を処すか」を問う音楽なのである。ただしズレへの対処法についてのルールは、それぞれでまったく違う。あらかじめ先取りしていうならば、彼らのメッセージは各々「絶対にズレるな！」（アンドリーセン）、「ズレるのも楽しいじゃん！」（ライリー）、「断固ズレを怖がるな！」（ジェフスキー）となるであろう。

これらの作品についてはどれも、複数の演奏動画をネットで見られる。同じ曲でも演奏集団によってここまで違う音楽になるものかと驚くはずだ。つまり集団の体質なり思考回路なりが自ずとあぶり出される仕掛けが、これらには設定されているわけだ。したがって是非とも同じ曲についていろいろな演奏を、できれば楽譜も参照して、聴いてみることをすめる。それらが実は人間集団のありようのいろいろなモデルを体現していることがわかるはずである。

鉄の団結――アンドリーセン『労働組合』

オランダ出身のアンドリーセンの作品は、三作中で最もしっかりと楽譜が書き込まれている。合計三百小節近く（繰り返しは除く）。最初から最後まで段取りがちゃんと考えられている。音楽がどう進むかを偶然まかせにしない。起承転結はあらかじめ作曲家が事前に作り込み、最後の長く引き延ばされる「ダーン！」という音でもって、「どうだ！」とばかりに決めてみせる。このあたりの起承転結へのこだわりは、いかにもヨーロッパ前衛らしい。ブーレーズ（フランス）やシュトックハウゼン（西ドイツ）やケージ（アメリカ）など戦後前衛音楽の時代からすでに、ケージらは「あらかじめ決めない」ことにこだわったのに対して、ヨーロッパ前衛は偶然的要素までも事前に管理制御して、「作品性」を固持しようとしていた（ケージとブーレーズの仲たがいの原因も、偶然性への考え方の違いだった）。

アンドリーセンの作品は二小節くらいのどれもよく似たリズム音型を、各々任意の回数だけ反復するのだが、反復回数は奏者に任せられているとはいえ（あらかじめ奏者たちが決めておくはずだ）、合奏は絶対にズレてはならず、そして起承転結はとてもはっきりしている。図式化すればこの作品は次のようにできている。

（a×n）↓（b×n）↓（c×n）↓（d×n）↓……⇓Ending!

全員がまずaの音型を、次にbを、次にcを事前打ち合わせ通りの回数だけ繰り返す。演奏集団がきちんと打ち合わせさえしておけば、そしてしっかり練習していれば、この曲は最初から最後まで完璧なユニゾンになるようにできている。まさに「労働組合の鉄の結束」といった風だ。リズム型がどれもよく似て紛らわしいので、頭の中がごちゃごちゃになってくるだろうが、それでもズレてはいけない。鉄の統一を維持し続ける。

この作品で唯一与えられる自由は音程である。リズムの点では細かくすべて指示されているのに対して、音程についてはこの作品は、五線譜ではなく一線譜であらわされている。目安として一本だけ線が引かれていて、これが参加する各楽器の中音域（だいたいの標準的音域）を示しているのである。音程はそれを目安としておおよその動きとして表現される。例えば線より下に降りていく十六分音符が四つ書かれていれば、奏者はそれを任意の音程でリアリゼーションする。「シ・ソ・ファ・レ」でも「シ・シ♭・ラ♭・ファ」でも「ラ・ラ♭・ファ♯・ミ」でもなんでもいい。自分の楽器の中音域あたりから下がっていきさえすれば、音程は任意なのだ。だからリズム的には完璧にそろったユニゾンであっても、音程はまったくそろわず、ものすごいノイズが発生する。リズム的には統一されているにもかかわらず、喧々囂々（けんけんごうごう）の状態が生まれる。音量がフォルティッシモ中心なこともあって、これはほとんど暴力的な曲だ。耳を聾する不協和音が響き、いつ終わるともしれぬ果てしない似たようなリズムの機械的反復が人をいら立たせ、しかし絶対に間違ってはならず、不協和であるにもかかわらず、リズムだけは一糸乱れない従属を要求される。まさにそれが狙いなのだろうが、演奏する側は大変な抑圧を感じるはずだ。

『労働組合』の楽譜には「「自分のパートが全体の不可欠な一部である」という強い意識をすべてのプレーヤーが持っているときだけ、この作品は成功するだろう。これは政治的活動とまったく同じである」と書いてある。にわかには腑（ふ）に落ちない指示だ。右に描写したように、一糸乱れぬリズムを強要するこの作品は、とても全体主義的である。ふつうに考えれば、ここで最も欠けているのはまさに、「個々人が「自分も全体の中の不可欠な一部だ」と感じられる」という充実感なり「生きがい」感であろう。そもそも全員が同じことをさせられているのだから、これで生きがいを感じろというほうが無理だし、ずっと騒音が鳴っているのだから、一人や二人脱落しようがたいして変わらないと思える。にもかかわらず、全員がフォルティッシモで同じことを同じように全力でやることに意義があると、アンドリーセンは指示する。彼はこの指示を「本気で」書いているのか、それともパロディを意図しているのか？

おそらくこんなにも難しい曲であれば、いくら音程は任意でかまわないといわれたところで、そしてどれだけ練習を積んでも、「落ちる」、つまり今どこを弾いているかわからなくなる人は出るであろう。その場合どうするべきだとアンドリーセンは考えていたのだろうか？

おそらく「そんなことはあってはならない」と思っていたのだと思う。クラシック系の作曲家たちが「自分の書いた楽譜からズレるなどということはあってはならない」と当然のように思っていたのとまったく同じように、である。きっと「落ちた」人は、マーラーの交響曲の本番で入りを間違えた団員と同じように、ひどくバツの悪い思いをするであろう。そしてほかのメンバーから白い目で見られるであろう。そう考えてくると、アンドリーセンの意図は、従来のクラシック音楽の楽譜至上主義、そしてその全体主義的な傾向を痛烈に皮肉ることだったようにも思えてくる。

自分がやっていることの「意味」や「やりがい」がまったく感じられないにもかかわらず、

それを黙々と全力かつ全員横並びでやらされ、しかし結果としてものすごいノイズが生じる——この作品は全体主義あるいは官僚主義的なもののグロテスクなカリカチュアだ。そして冷戦後の世界に生きているわたしたちにとっても、こうした社会は決して過去のものとなってはいなかった。アンドリーセンの音楽はひょっとすると、わたしたちのこれまでの生き方のあられもない肖像なのかもしれない。

空気を読め——ライリー『In C』

ライリーの『In C』はとても有名な作品である。演奏機会も多く、ミニマル・ミュージックの代名詞といっていいだろう。楽譜は一枚だけ。そこに番号を振った53の短い音型がのせられている。ほとんどが一ないし二小節程度である。それを集団で順番に弾いていく。これまた何人でどの楽器でどのテンポでやってもいい。全体テンポだけ守って、1から順番にみんなで弾いていく。一つのパターンにつき各自が気分次第で任意の回数だけ反復し、ほかの人たちの様子を見ながら次へ移っていく。アンドリーセンのような事前の打ち合わせは要らない。ちゃんとしたリーダーがいたら、とても気楽に演奏できるだろう。

具体的な手順は次のようになる。最初はみんな1から始める（そろえて弾く）。頃合いを見てそのうち誰かが2に進む。特に指定はない。「空気を読んで」そろそろかなと思ったら、誰かが先行するのだ。ほかの人たちはすぐそれについて2に移ってもいいし、しばらく1を弾き続けてもいい。途中で少し休んでまた1に復帰してもいい。休んだ後は2に行ってもいい。リズムをポリフォニー的に基準パルスからずらしてもいい。いずれにせよ、楽譜に「遠くへ早く行く競争でも、のろのろ歩きでもない」とある通り、ほかの人たちも「空気を読んで」だんだん2へ移っていく。そしてみんなが2に進んだら、また誰かが様子を見て先行する。つまり3へ行く。以降の手順は同じである。そして全員が53にたどり着いたところで曲は終了となる。

例えば2から3への移行を図式化すると次のようになる。

Ⓐ　2　2　3　3　3　3　3　3　3　3　3　（この人が最初に3に進んだ）
Ⓑ　2　2　2　2　2　　2　3　3　3　3　（途中で少し休み、一番遅れて3へ）
Ⓒ　2　2　3　3　3　3　3　3　3　3　3　（ポリフォニックに少しずらしてみた）
Ⓓ　2　2　2　2　3　3　3　3　3　3　4　（この人が最初に4へ進んだ）

こうして全員が3になると、再びいつ誰が4に進んでもかまわない状況にリセットとなる。アンドリーセンの全体主義と違って、とても自由に作られていることがわかるだろう。空気を読みながら誰かにぞろぞろとついて行けばいいのである。

なおライリー作品には、右の図からわかるように、重なりのパターンは三つしかない。全員が同じ番号を弾いている状態（右の図でいえば全員が3の状態）、前の番号と重なっている状態（2と3が重なる）、次の番号と重なっている状態（3と4が重なる）である。ライリーがうまいのは、53すべてのパターンが、それぞれの前後とどれだけ重なろうとも、絶対に響きは協和的になるようにしていることである。楽譜を見れば一目瞭然だが、不協和音のできようがないように、あらかじめ作られているのである。ルールを守る限り、どれだけズレようが、それは絶対に不協和にはならない。まるでBGMのように快適で緊張は走らない。しかもリズムのノリが抜群にいいから、ジャワのガムラン音楽と西アフリカのドラム音楽を混ぜた、架空のエスニック・ダンスみたいに響く。

『In C』では、各自がいつ次のパターンに進むか、いつ少し休憩するか、どんなふうにズレるか、すべて自由である。とりあえずみんなの様子を見て、自分が先走っていたらとどまって、自分が遅れていると思ったら追いついて、後は空気に流される。みんな待っていてくれる。難しいことは考えず、決められた順番通りにやる限り、おしゃれなエスニック・レストランの快適さは常に保たれる。

同じような発想でいながらライリー作品は、アンドリーセンの全体主義的な息苦しさの対極にある。後者は鉄の規律でリズムをそろえているのに全然協和しない。協調しない。それに対して前者は何をやってもいいが、それでいていつも快適だ。喜ばしい自発性の感覚を思い切り満足させてくれる。ここにアメリカ的な自由主義の理想を見ることは、十分許されるだろう。ただしライリーの作品には、アンドリーセンとはまったく別の意味で、ある種の息苦しさがあることも見逃してはならないと思う。それは飽食の息苦しさだ。何も起きないが故の退屈だ。そして何をしても自由といいつつ、どこかへ誘導されていくようなかすかないら立ちである。もちろんこれはわたしの個人的な好みにすぎない。好き嫌いは別として、ライリーがある社会モデルの理念を音楽で表現することに成功したことだけは確かである。

空気に流されるな！——ジェフスキー『パニュルジュの羊』

三作のうちジェフスキーの反復音楽は、「思考実験」として最も歯ごたえがあるものだ。彼のメッセージを端的にいえば、「絶対に空気に流されるな！」となるであろう。「周りをキョロキョロ見るな、断固自分のペースを保て！」ということである。

まず作曲家の経歴について説明しておこう。ジェフスキーはいわゆるミニマル・ミュージック系の人ではない。彼はもともとシュトックハウゼンらヨーロッパの前衛潮流に近いところにいて、ピアニストとしても桁外れの腕前の持ち主である。ネットでは彼の自作自演はもちろん、ベートーヴェンの「ハンマークラヴィーア」ソナタ（ピアノ・ソナタ第二十九番）の巨大な演奏なども聴ける。そして彼はまた、政治的信条をストレートに創作の前面に押し出す、極めつきのマルクス主義者でもある。この意味で言語学者のノーム・チョムスキーと双璧のアメリカ知識人だといってもいいかもしれない。チリのアジェンデ政権（世界で初めて自由選挙によって生まれた社会主義政権）を支持する労働者たちの革命歌「不屈の民」をもとに作曲された記念碑的な大作『「不屈の民」による三十六の変奏曲』（一九七五年）は、現代音楽の中では異例の人気を誇るピアノ曲だし、『四つのノース・アメリカン・バラード』（一九七八／七九年）もほれぼれする名曲である。どちらも多くの録音や動画があるが、作曲家自身による演奏がやはりずば抜けている。

『パニュルジュの羊』は、アンドリーセンのように鉄の規律を要求するのでもなく、ライリーのように楽しくワイワイやるのでもない、独特の「思想」をもった反復音楽である。題名はラブレーの『ガルガンチュアとパンタグリュエル物語』に由来していて、これを知れば作品理解が深まるだろう。つまりパニュルジュという商人がいて、彼は羊がたくさんのった船から一匹を買い取り、それを海に投げ込んだところ、ほかの羊たちもぞろぞろそれについて行って、メエメエ鳴きながら海の中に飛び込んだという逸話による作品なのである。「付和雷同」こそが作品の焦点なのだ。

この作品もまた、何人でどの楽器でやってもいい。アマチュアが加わっても全然かまわない。楽譜には四段ほどのメロディ（伴奏なし）が書いてあるだけ。いかにもジェフスキーらしいアメリカ民謡風の陽気な旋律だ。これを全員で一緒にユニゾンでやる。しかしアンドリーセンのように鉄のユニゾンを守らせるのでも、ライリーのように「お好きにどうぞ」とやるのでもない、非常に凝った仕掛けがしてある。このメロディは65の音符から成るのだが（1、2、3と番号が振ってある）、それを、1 ↓ 1・2 ↓ 1・2・3 ↓ 1・2・3・4 ↓ 1・2・3・4・5 ↓ 1・2・3・4・5・6と加算しながら演奏していくのだ。そして1・2……64・65と最後までたどり着いたら、今度は引き算していく。減算方式、すなわち1・2・3・4……64・65 ↓ 2・3・4……64・65 ↓ 3・4・5……64・65 ↓ 4・5……64・65と、番号の若い音から順に引いていくのである。そうこうしているうちに、だんだんみんなズレてくる。だから誰か最初にこの加算減算のサイクルを経て65にたどり着いた人は、そのまま音を保持して待っている。そして全員が65に到着したら、みんなで即興をして終わりとなる。

この作品にはすべての音符がルール通りにわかりやすく書き下ろされた貸譜もあるというが（1121231234……）、ここは元の楽譜を使いたい。なぜならこちらのほうがこんがらがりやすいからである。この作品はまさに人の頭をこんがらがらせることを狙っており、また効果としてもこんがらがったほうが面白く、さらには、こんがらがることを通して聴く者／演奏する者に何かを考えさせることを意図しているからである。

この加算減算方式による反復は、実にうまく作られている。最初のうちはたいして混乱しない。だが何度も繰り返して、繰り返すごとにメロディが長くなってくると、例えば三十以上の音符を歌うころになると、「あれ？　今何回目だっけ？　次は何番目の音まで歌う番だったっけ？」となってくる。混乱したときどうするか？「パニュルジュの羊になるな！」がジェフスキーのメッセージだ。他人の様子をうかがうな、付和雷同するな、マイペースを保て。楽譜には「メロディの中で立ち止まったり、よろめいたりしてはならない。できるだけいっしょに演奏をつづけるが、一度わからなくなったら、そのままつづけること。みんなといっしょになろうとしなくてよい。規則にきびしくしたがって、つづける」とある。「あれ、自分が間違ってるかな？」と思ってもペースを乱すな、他人のほうが間違っているかもしれないのだから、ということだ。

しっかりユニゾンにしようとしてもだんだんズレてくる、だから最初は焦る、だがルールを守ってズレっぱなしで弾いているうち（ズレてもマイペースを保たねばならないのだから当然ズレっぱなしになる）、ズレが楽しい効果になることがだんだんわかってくる、そうなり始めると曲がどんどん盛り上がってくる——ジェフスキー作品には単なる「ノリノリで楽しかった」で終わりにならないひとひねりがある。そして楽しくなるためには、「空気に流されない」途方もない忍耐が必要となる。どうやろうが楽しく、抑圧ゼロとでもいうべきライリー作品との決定的な違いは、ここにある。この作品についても何種類もの動画を見ることができるが、本章で扱ったどの曲よりも演奏団体による違いがあからさまに出てくるように思う。しっかりクラシック音楽風に「きちんと合わせよう」とするグループ、ズレたときに慌てる気配が広がるグループ、ズレてもマイペースで淡々とそれを楽しむグループ。だがどの演奏でも最後は「弾ける」。お祭りのような大騒ぎになる。そして人は答えのない問いの前に立たされることになる。「間違わない」とは、「楽しい」とは、「人と合わせる」とは、「自分を保つ」とはいったいどういうことなのかという問いである。

目的論的な時間からの解放地区

近代音楽はすべて目的論的な時間に呪縛されてきた。勝利をしゃにむに目指す右肩上がり型はいうまでもなく、勝利という「目的」の不能を表現しようとすると諦念型になるし、目的への急上昇に伴う墜落の不安を表現するとサドンデス型になる。またループ型は目的達成のプレッシャーを一時的に棚上げする就寝前の睡眠導入剤的効果を狙っているともいえる。それに対して本章でとりあげた作品はいずれも、「近代」の目的論を根底から解体する試みだった。時計から逃げるか（ヤング）、時計が止まるまで待つか（リゲティ）、スケジュール管理のグロテスクな戯画を見せるか（アンドリーセン）、ゆるやかにみんなでなんとなく流されるか（ライリー）、流されることを断固として拒み、たとえズレていても自分のペースを守るか（ジェフスキー）。こうしたいろいろな発想が、公民権運動とベトナム反戦運動、ヒッピー・カルチャーとフリー・ジャズとロック、学生紛争と一九六八年革命、そして石油危機と環境保護運動の始まりといった社会潮流との、のっぴきならない対決の中で生み出されたものであることは、いうまでもない。そしてわたしは、彼らが提起した問いを今一度わたしたち自身の問題としてとりあげる好機が、今こそ来ているのではないかという気がしている。

この間のわたしたちは、「いったい何がどう進むか誰にもわからない時間」というものをリアルに経験した。コロナ禍が瞬く間に広がり、ある国では一向に終わる気配がなく、ある国では終息し始めていると見えて、再び広がったりするという状況だ。例えば半年後に計画されていることを本当に実行できるのか、実行する／しないの判断は一体いつ下せばいいのか、できなかったときの代案はどうするか等々で、頭を抱えなかった人などほとんどいなかったのではあるまいか。あまりにも多くのファクターが絡んでいて、スケジュールなど立てようがない時間である。そしてこれからもかなり長い間、この状況は続くだろう。もちろんそれは無数の絶望と疑念と混沌を惹き起こした。しかし同時に、こうしたことが近代社会のあまりにそれ自体で完成されすぎたシステムが必然的に惹き起こした、自業自得ともいえる側面をもつことも、多くの識者が指摘する通りである。近代社会における目的論的な時間とは結局のところ、「目的設定⇩時計によるスケジュール管理⇩完成品のパッケージ」という大量生産システムの思考であり、「先が見えない」ということは、このシステムがあまりに無菌室的に自己完結していたが故に、外部からの予測不能の異物によって簡単に機能不全を起こしてしまったということなのだろう。

しかしながら、「どう進むか見当もつかない時間」、あるいは「スケジュールなど立てようのない時間」とはまた、従来の因習の縛りから完全に自由になれるチャンスだということでもあるはずだろう。そして音楽についていうならば、これは近代の目的論的な時間図式を抜本的に組み立て直す絶好の機会だと、わたしは考える。いたるところにそのモデルが生まれつつある。例えば福岡伸一のような生物学者により、ウイルスと人間との「動的平衡」ということが強くいわれている。種の維持のためには人間もウイルスも一時的に不安定な状況が生まれることを敢えて必要としていて、それによってあらゆる変化に対応できる高次元の安定を実現しているという考え方だ（もちろん生命体が自分でそういう「目的」を設定しているのではなく、勝手にそうなるよう自然は組み立てられているという感覚なのだろう）。これなど音楽創造にとってまたとない参照点ではあるまいか。今にもこうした思考形式が実際の音楽となって響いてきそうな気がしてくる。

十年一日（いや、二百年一日か）のように近代の枠組を踏襲するのではなく、こういった時代のアクチュアルな思考の最前線を音楽によって感性化し、明日の社会のモデルにしようとする作曲家にこそ出てきてほしい。芸術において／芸術によって「コロナに勝つ」ということがもしありうるとするなら、それは「こういうことでも起きなければ考えるはずもなかったような音楽のありよう」を実現すること以外ではないはずだと、わたしは考える。

終章　「場」の更新——音楽の原点を探して

わたしは前章の終わりで、芸術において／芸術によって「コロナに勝つ」ということがもしありうるとするなら、それは「こういうことでも起きなければ考えるはずもなかったような音楽のありよう」を実現すること以外ではないはずだと書いた。これは音楽の時間だけでなく、空間についてもそのまま当てはまる。すなわち、音楽をする「場所」の更新である。

「教室の空間」を考え直す

これまで一体わたしたちは、どんな場で音楽を聴くことを当たり前と思ってきたか。いうまでもなくそれはホール（ないしそれに類するもの）であるわけだが、わたしはこれを「学校の教室的な空間」と呼ぼうと思う。密閉されたスクエアな空間に詰め込まれた客。四つの壁のうちの一面に設けられた祭壇のように一段高いステージ。それに対面するように置かれる整然と並べられた椅子。ウィーンの楽友協会ホールやミュンヘンのヘルクレスザールなど、十九世紀に作られた典型的なコンサートホールの多くが、こういう構造をしている。専門的にはこれをシューボックス型という。

ウィーンの楽友協会ホールは典型的なシューボックス型ホールで，ベルリンの旧フィルハーモニーも同じタイプだった.「学校の教室」的な空間の典型
提供：Clemens PFEIFFER, A-1190 Wien/CC-BY-SA-3.0

もちろん舞台正面席や平土間サイドのボックスなどもあるにせよ、こうした整列座りの平土間スペースがホールのメイン空間であり、これが学校の教室（「学校」というものも十九世紀に普及した制度である）や軍隊の隊列とまったく同じであることは注目されてよい。

近代の上演空間はおしなべてこの「学校の教室」モデルに依(よ)っている。ホールだけでなく映画館も近代演劇も空間の構図は同じだ。十九世紀のリアリズム演劇において、しばしば「第四の壁」ということがいわれた。スクエアなステージの中で俳優たちは、あたかも誰にも見られていないかのようにして、ドラマを演じてみせる。リアリズムだからドラマといっても日常の私生活だ。ただしステージの壁四面のうちの一面は客席に向けて開かれていて、そこからお客たちは俳優たちが演じる世界を覗(のぞ)

ポンペイの円形闘技場．古代ローマの円形劇場は主として剣闘士の決闘といった血なまぐさい催しのために用いられた．現代のスポーツイベント会場の原型

き見る。だから「第四の壁」という。また客席もスクエアな四面の壁の一つがステージに向けて開いているわけだから、これまた「第四の壁」のロジックで設計されている。ホールも同じだ。ライブハウスでは座席の位置はもっと自由であることが多いが、それでも客が平土間に詰め込まれ、前を向いてステージと対面する構図に変わりはない。

求めるべきは、こうした対面式スクエア空間に代わるスペースだ。例えば車座を考えてみよう。そこには呪術的なものが強く残っている。ステージをぐるりと取り囲むアレーナ（例えば古代ローマのコロッセオ）であれ、それを割った形の半円劇場（例えば古代ギリシャ劇場）であれ、そこでは空間自体が観客を魔法にかける。アレーナで行われる闘牛やスポーツやロック・コンサートが巻き起こす興奮が、この円形の空間と無関係であるはずがない。あるいは歌舞伎の花道や能舞台も思い出すべきであろう。それは舞台上の役者が客席のこちらにいわば「乱入」してくる廊下でもあろう。「向こう」の危ない世界と「こちら」の安全圏との間の区切りが、それによって攪乱(かくらん)される。これは「学校の教室」的な空間における、眼前のものをただ眺めるよそよそしさの対極にあるものだ。

さぬき市野外音楽広場テアトロンは古代ギリシャの半円劇場を模している．海を見下ろす高台の上に建てられている点まで同じ
提供：Sunport1216/CC-BY-SA-3.0

オペラ劇場も忘れてはならない。その原型が作られたのはバロック時代であり、空間的発想の点で十九世紀のコンサートホールとまったく違っている。それは馬蹄形(ばていけい)劇場といわれ、側面が波打っている。非スクエア的に歪んだバロック空間である。しかも伝統的なオペラ劇場では、舞台から平土間をはさんでちょうど正反対の位置に、ロイヤルボックスというものがある。王侯貴族が座る場所だ。それはふだんならとても目にすることのできない国王や女王を「見物できる」場であり（天覧相撲のようなものである）、つまり正面の舞台と対を成すもう一つの舞台だった（拙著

ステージと対峙するロイヤルボックスはオペラ劇場の真の舞台だ（写真はハンガリー国立歌劇場）．ステージとロイヤルボックスという二重焦点は，近代の劇場からは消えてしまったものである
提供：Tamcgath/CC-BY-SA-3.0

『オペラの運命』中公新書を参照)。これらの多彩な空間と比べたとき、「第四の壁」的なそれはいかにも冷たい。観客は決して舞台に没入することはない。ただ他人事(ひとごと)のように、額縁の中の絵を見るように、舞台を眺めている。

カントは芸術の定義として「無関心な観照」ということを挙げた。もちろん彼はそれを肯定的な意味で使ったわけだが、要するに近代のいやしからざる市民たちは、庶民の祭りのように、あるいはかつての生贄の儀式のように、我を忘れて出来事に没入などしてはいけないということだ。アリーナやオペラ劇場と比べたときのコンサートホールの冷ややかさは、この近代社会に固有の無関心な観照に由来するものである。

本章を書いている二〇二〇年六月の半ば、緊急事態宣言の解除を受け、条件つきとはいえ少しずつコンサートやライブが再開され始めている。わたしもそのうちのいくつかを訪れた。やむをえないこととはいえ、「距離」と「衛生」が徹底されている。奏者の間には一メートルから二メートルの距離をとり、できるだけマスクをつけ、客も検温してから入場し、マスクをして聴く。ブラヴォーや演奏後のサイン会などはやらない。総じて「集まれないことを確認するために集まっている」という奇妙な感覚を完全にはぬぐえない。

おそらく主催者側としては、いつかWHOなり政府なりから安全宣言が出されるまで、何とかこの状態でしのぐということなのであろう。致し方ないことだとは察する。とはいえ、一体いつこの状況を脱することができるのか誰にも見当がつかない中、ワクチン頼みで漫然と時間をやり過ごすのはあまり生産的ではないだろう。それでは「不完全品で我慢する」という以上になりようがない。極論すれば「文化」がウイルス／衛生学に屈したと、自分で認めることになってしまう。

今何より考えるべきは「空間配置」である。互いの距離をとらねばならない状況を逆手にとって、「距離をとらなければできない表現領域」を開拓する。ステージと座席の位置を新たに決めることから始めるのである。今のままでは寒々とした印象をいつまでたっても消すことはできない。とりわけコンサートホールは厳しい。この空間にはただでさえ教室の冷た

凝ったジャズのコンサートなどによってファンの間ではつとに知られる沖縄県宜野座村のがらまんホールが，2メートルの間隔を空けるとどうなるかをシミュレーションしてSNSで話題になった写真
提供：がらまんホール

さが伴っている。詰め込めるだけ客を詰め込んでボイラーとし、それでようやく温めることができる。だがよそよそしさの理由はそれだけではない。今のままでは「距離」に衛生学的な意味しかないということに、わたしは何より注意を促したい。客と客、客と舞台、奏者と奏者の距離には、芸術表現としての「意味」がない。表現的に無意味な距離がとられているのである。

客席を間引いた状態については、沖縄県宜野座村のがらまんホールが、二メートルのソーシャル・ディスタンスをとって客が座った状態のシミュレーション写真（座席数約四百のところが六十人で満席）を五月八日にSNSで公開し、話題を呼んだ（わたしはアルメニアのジャズ・ピアニスト、ティグラン・ハマシアンを聴きにここへ行ったことがあるから、どういう状況か生々しくわかった）。客数を間引いたホールはまるで欠席者だらけの学校の教室のように見える。そして改めて気づく。まずいことに教室というものは、「欠席者」が非常に目立つ空間でもあるのだ。

教壇（ないしそれに類するもの）に一度でも立ったことがある者ならわかるだろう。あそこからだと、誰がいて誰がいないか、一目瞭然に俯瞰できる。こういう空間が教室や軍隊において重宝された理由がよくわかる。それは監視に向いているのだ。オペラ劇場のような壁の波打ち、アレーナにおける取り囲み、花道における客席乱入といった契機さえあったなら、ここまで人と人の間の距離が無意味な空白として目立つことはなかっただろう。とりわけオペラ劇場にはボックスをはじめとする「物陰」がいっぱいある。この濃淡が空間に非日常的なリズムを作る。対するにスクエア空間にはリズムが欠けている。だから全部を均等に埋めないとサマにならない。

教室的空間が味もそっけもないスクエアであるのは当然だ。ホールや教室や映画館などはそもそも、「詰め込めるだけ詰め込む」という利益重視の発想で作られていて、スペースの効率的利用のためには四角単位にするのが一番いいということなのである。円形や三角形であれば、必ず空間の遊び＝無駄が出るが、それを避ける。しかし徹底的に効率だけを追求するが故に、スクエア空間における空白は、皮肉にも「無駄」以上の意味をもちようがない。

だが建築が先鞭をつける形でポストモダンが喧伝されるようになったこの半世紀ですら、スクエア思考は音楽をする場所を相変わらず規定し続けてきた。例えばジャン・ヌーヴェルに

現代フランスを代表する建築家ジャン・ヌーヴェルが設計したルツェルン文化会議センターの大ホール．ポスト・ポストモダン世代ともいうべきヌーヴェルだが，このホールはあからさまなモダン的スクエア思考だ
提供：KKL Luzern/CC-BY-SA-4.0

よるスイスのルツェルン・フェスティヴァルの会場（一九九八年）は素敵な建物ではあるが、あからさまに直方体思考である。こうした例はいくらでもある。

また少し古いがハンス・シャロウン設計によるベルリンのフィルハーモニー（一九六三年完成）も印象的である。これは古代ギリシャの半円劇場を近代の機能主義と結びつけた不滅の傑作で、明らかに従来のスクエア的平土間へのアンチとして構想されている（いくつものブロックを段々畑あるいはブドウ畑のように配列することから、このパターンをヴィンヤード型という）。だがそれにもかかわらず、スクエア的思考はここにも忍び込んできている。つまりここでは舞台をすり鉢状に囲むようにして、台形のブロックが正面・両サイド・平土間に配置されるのだが、しかしブロックの内部では当然のようにきちんとシートが教室の椅子のように並べられているのである。

　従来の音楽家は音楽だけに専念していればよかった。演奏家は「いい演奏」をすることに集中していればよかった。作曲家は「いい曲」を書くことに、どんな場所でやるかなどは基本的にマネージメントやホール側の仕事であった。しかし今の状況にあって、「いつまでもあの寒々しい距離を前提に音楽などしていられない」と感じ、空間的な距離を有意味化することも自分たちの仕事の重要な一部だと考え始めている音楽家は、決して少なくないのではないだろうか。従来のように奏者も客も密集してやることが当面難しい以上、「もっていきようによって距離は表現になる」ということにもっと目を向けるべきである。

シャロウン設計によるベルリン・フィルハーモニーのKammermusiksaal（室内楽ホール）．ベルリン・フィルが使用する大ホール以上にヴィンヤード型の構造がよく分かる
提供：Ullstein bild/アフロ

「まえがき」でも言及した二〇二〇年三月七日のびわ湖ホールにおけるワーグナー

『神々の黄昏』無観客上演（およびストリーミング）は、意図せざることだったとはいえ、期せずしてこうした空間デザインの可能性を示唆していた。あらゆる近代音楽の中でも最も巨大な熱量を発生させるワーグナーの超大作が、誰もいないホールで、にもかかわらずすさまじいテンションで上演されたのだ。あの空っぽの客席は一つの表現記号となっていた。空間が作品および演奏と完全に一体となり、「意味」としての巨大な空虚を浮き上がらせていた。

現実問題として、あまりにも巨大で座席も固定されているコンサートホールに比べ、より実験的なことがやりやすいのはライブハウスだろう。そもそもふだんからテーブル（座席）をスクエアに並べたりなどしていないところも多い。この際、表現意欲が旺盛なインテリア・デザイナーらと協力して、思いもしなかった空間が作れないものか。自分がオーナーであったなら、客が毎回「今日はどんなスペースにするのかな？」と楽しみにするようなアレンジを凝らしてみたいなどと思う。まずはステージと客席を仕切ったりする無機質で醜悪なシールドを、ポップなオブジェのように見せたい。音響を敢えて犠牲にしてでも、客の間に各プレーヤーを散らばらせるとか、プレーヤーはスペースの真ん中に陣取らせ、客がそれを囲むようにするとか、通りすがりの人が外から覗けるように、静かなナンバーではときどき扉を開けるとか、いくらでもアイデアはあるだろう。歌手にカプセルのような透明シールドの中で切ない恋の歌ばかり歌わせる（それもセンスのいい替え歌などにして）ということだってあっていい。一種のミニシアターを構想するのである。

単に衛生学的な距離をとっているだけでは、いつまでも芸術表現としては不完全でしかありえない。それでは客足も遠のく。それならネットによる「録楽」鑑賞で十分ということにもなりかねない。「その場に行かなければわからない楽しさ」を、これまでとは違う距離感の中で開拓していかねばならない。

ホール音楽の救出

ジャンルを問わず何より重要なのは、場所についての固定観念から自由になることである。「この音楽はあのような場所でやるものだ」と決めつけない。突拍子もない場所、しかしいわれてみれば「なるほど……そういう手があったか」となる場所を探したい。すでに一九七二年にピンク・フロイドは、古代ポンペイの円形劇場の遺跡で無観客ライブをやっていた(ネットにいくつも映像がアップされている)。五名程度のエンジニアが見守る中、煙を吐くヴェスヴィオ火山をバックに歌っている。剣闘士に熱狂していただろう二千年前の無数の古代ローマ人の亡霊を相手にロックをやるということか。卓抜なアイデアだ。

コンサートホールのような公的施設には、こうしたゲリラ的機動力があまりないから、そのぶんコロナ禍のような危機に弱い。いわゆるロバスト性が低い。とはいえ、わたしの印象だと十八世紀まで——つまり「近代」以前——の音楽の場合、必ずしも「ステージ」というものにこだわる必要はないとも感じる。そもそも十八世紀までは近代的なホールなど存在しておらず、音楽は宮廷の一室や教会や屋外などでやられていたわけだ。

それに従来通りホールのステージ上で、ただし奏者間にイレギュラーな距離をとって演奏したとしても、それはそれで面白いサウンドが生まれるだろう。響きがとけあわずバラバラの音の足し算のようになるきらいはある。しかしバロックの合奏協奏曲を連想させるこうした響きは、様式的にもむしろ近代以前の音楽に合っていないだろうか。各奏者の腕前があからさまにむき出しで聞こえるのは確かだが、これだって一つのチャレンジだ。それに本気で探せば、理想的サウンドを実現してくれる思いがけない場所が見つかるはずである。例えば偉大なソ連のピアニスト、スヴャトスラフ・リヒテルは意外な場所でコンサートをするのが好きで、美術館はいうまでもなく、南仏の馬小屋だった建物を好んでいたとも聞く。

またサウンド面だけでなく「環境全体」という点でも、思いがけない場所からは思いがけない音楽が生まれる。京都の上賀茂(かみがも)神社では数年前まで、ジャズ・ピアノの二人の巨匠アブドゥーラ・イブラヒム(ダラー・ブランドの名で活動していた頃のCD『アフリカン・ピアノ』〔一九六九年〕はとても有名だ)とランディ・ウェストンを隔年交代で呼ぶ催しが行われていた。堂にピアノを持ち込み、客は床に座布団をしいて座り、神主のお祓(はら)いの後、一時間以上にわたるノンストップの即興にひたすら耳を傾ける。ときに雨が降ってきたり、ときに鈴虫やカエルの声が聞こえてくる。そういうものとの交感の中で、今そこで生まれつつある音楽に立ち会う。

結局のところ、ホールからひき剝がすのが最も難しいのは十九世紀クラシック、とりわけオーケストラと合唱だということになる。考えてみれば当然だろう。ホールという「近代が生んだ建物」のために作られた「近代の音楽」がクラシックなのだから、近代の存立基盤を直撃されて一番ダメージを受けるのはここなのだ。それでもなおわたしは、ホールという建築／制度を生かした形で従来のクラシック・レパートリーを救出することは、決して不可能ではないと思う。わたしたちは二百年以上、同じ構造の建物の中に、いろいろな音楽を漫然と代入して楽しんできた。だが同じ空間に代入している限り、結局そこからは似たような音楽しか生まれてこないということにもなるだろう。音楽は空間が作るのだ。具体的なところでいえば、ウィーン・フィルのあの甘美な響きにしても、それは彼らのホームグラウンドである楽友協会ホールの素晴らしい残響と不即不離であろう。しかし意地悪くいうなら、空間が同じだから彼らの響きはいつまでたっても変わらないともいえるのだ。

空間のありようを思い切って変えることで、なじみのクラシック名作でも思いがけない新たな発見がないとは限らない。第四章でわたしは、「指揮者とオーケストラ／歌手の間にシールドを立て、合唱団を二十人くらいに切り詰め、楽団員の間にスカスカの距離を空けた《第九》など、もう《第九》ではあるまい」という意味のことを書いた。だが発想の転換次第では、こんな《第九》すら大胆な芸術表現になりうる。意欲的なメディアアーティストと組んで、アメリカにおける反人種差別のデモや、埋葬されていく多くの死者の映像などをコラージュするならば、それは強烈な今日的メッセージになるだろう。たとえ客席が三分の一くらいしか入っておらずとも、である。そこでは距離は、ただの空虚ではなく、有意味なものと感じられるはずだ。そのことこそが一番大切なのではないか。

こうした試みは決して不朽の名作の安直なパロディなどではない。わたしが考えているのは、キューブリックの大傑作『時計じかけのオレンジ』(一九七一年)である。バイオレンスと非人間的な管理社会をぞっとするブラックユーモアで主題化したこの映画は、「人間性」の死滅を一九七一年の段階で予告していたといっても過言ではない。主人公は人間らしい情感のかけらもない凶暴な非行少年。しかしその彼は、政府によって非人間性の極致のような人格矯正治療を受け、科学者たちが望んだ通り、生来の暴力性を跡形もなく去勢され、毒にも薬にもならぬ無害な男になり果てる。だが物語の一番最後、ひょんなことで以前の凶暴性を取り戻した彼は、《第九》フィナーレが輝かしく鳴り響く中、みだらなセックスシーンを妄想しつつ、以前と同じ邪悪そのものの笑みを浮かべる。彼は「暴力と残忍」という人間性を回復したのだ。そして《第九》がそれを祝う。この恐るべき意味の逆転──人間に残された最後の「人間性」の残骸としての暴力衝動──が音楽で象徴されているのだ。

こんな表現は《第九》を使わなければ不可能だっただろう。名作というものはどんな激越な意味づけにも耐える強靭さをもっている。どんな状況にあっても必ず何らかの意味を発生させる。だからこそ名作は名作なのだ（この映画はベートーヴェン生誕二百年の翌年に公開されたわけで、《第九》の使用は明らかにそれを意識していると考えるべきだろう）。

シュトックハウゼンが《第九》上演の空間監修をしたら？

従来のクラシック・レパートリーの場合、聴衆の関心はほとんどもっぱら「誰が何をするか」にあったといっていい。主として「あの人が、あのオケを振って、〇〇をやるんだって！」といった興味から、人々はコンサートを訪れていたのだ（わたしもそうだ）。しかし空間がニュートラルなただの「箱」（音楽業界ではホールをこう呼ぶ）ではなく、そのデザイン自体が意味をもつ可能性が生じているとすると、実験を恐れない作曲家が建築家と組んで、伝統レパートリーの「上演空間監修」をする可能性が模索されていいはずだと思う。

二〇二〇年六月十一日にクラシック音楽公演運営推進協議会によって策定された「クラシック音楽公演における新型コロナウイルス感染拡大予防ガイドライン」を見ると、衛生と距離の確保の徹底がこれでもかこれでもかと強調されている。とりわけ歌については「歌唱位置から客席最前列までの距離について、感染予防に対応した適切な距離（なるべく二メートル以上）を置く、又は同等の効果を有する措置に努める」こととされ、さらに合唱に関しては「適切な感染予防対策の在り方を関係者にて引き続き協議を行うこととし、開催については時宜を得た判断を要するものとする」とある。策定段階では合唱は実質的にまだ再開不可とされていると読める。いうまでもなく二メートルの距離などとれば、通常の合唱（そしてオーケストラ）は演奏不能だ。もしそうであるならば、客や合唱団が互いに距離を置かざるを得ない状況下で、例えば《第九》上演を一つの思考実験の場とすることはできないのだろうか？　そしてそれはもはや演奏家だけに任せておけるような仕事ではなく、今こそ作曲家の出番なのではないか？

例えばシュトックハウゼンなら、今の状況で《第九》上演の空間監修を委嘱されたとして、一体どんなことをやっただろうと空想する。合唱団の間は二メートルの距離をとったうえで、彼らの間に人形の形をしたスピーカーを置き、そこから初音ミクの声を流したかもしれない？　あるいは第三章で紹介した『ヘリコプター弦楽四重奏曲』と同じく、四人の独唱者をそれぞれ四台のヘリコプターに乗せ、そこからリアルタイムで独唱パートを中継する？　オーケストラは会場全体に散り散りに分散させ、その音響をマイクで拾い、ステージ中央には指揮者の代わりにモニターを置いて、作曲家自身がそこに陣取り音量つまみを調整したりする？　中継される声や人工音声を敢えてずらし、そのズレまでセリー（音列）化してコンポジションにしてしまう？

右の空想は必ずしも根拠のないものではない。元ネタはシュトックハウゼン作品にすでにある。『ヘリコプター弦楽四重奏曲』はもちろん、例えば三人の指揮者／三つのオーケストラを会場の三面に、客席を囲むようにして配置した『グルッペン』（一九五五／五七年）。あるいは巨大なドラを擦らせ、発生したノイズをマイクで拾い、それをリアルタイムでミキシングする『ミクロフォニーI』（一九六四年）。後者についてはシュトックハウゼン自身がモニター・パフォーマンスをする一九六六年の映像が残っていて、強烈な印象を与える（これもネット動画で見られる）。

思い出すべきは、音楽史の革命はしばしば空間革命だったということである。十六世紀ヴェネツィアのサン・マルコ寺院では、二台のオルガンや二群の合唱隊を空間の様々な場所に分散して配置し、それらが互いに呼応しあうエコー効果を駆使した音楽が発展した。モンテヴェルディらのバロック音楽はここから始まった（後に述べるノーノのオペラ構想は明らかにその影響を受けている）。またワーグナーは自分の楽劇を上演空間（つまりバイロイト祝祭劇場）の設計とセットで構想した。ベルリオーズやマーラーのスコアにはしばしば、楽器の位置についての恐ろしく細かい指定がある。

十九世紀が生んだ空間にいつまでもとらわれ、それをニュートラルで常に同じただの「箱」とみなし、従来通りの上演が可能になる日をただ座して待つよりも、思い切った実験が見てみたい。音楽関係者に経済問題が重くのしかかっていることは重々承知だ。だが今の空間的条件だけが可能にするワーグナーやマーラーや《第九》の上演を経験したいと思っている人も、少なくはないと思う。単に衛生的距離をとるというだけでは受け身にすぎる。それならばネット上の過去の名演の動画／録楽の方がましだということにもなりかねない。新しい音楽は新しい場所が創るのだ。

例えば建築コンペと同じように、《第九》上演の空間設計コンペをするといったことはできないものだろうか。できるだけ低予算で、最小限の仕掛けでもって、ホールの空間をまったく別物に見せるアイデア。空白が空白と見えず、距離をとりつつ可能な限り多くの客を収容できる工夫。二〇二〇年東京オリンピックのための新国立競技場のデザインを当初委ねられ、すったもんだの果てに廃案にされたザハ・ハディッドは、歪んだ奇想天外な空間を発想する天才だった。残念ながら彼女は亡くなったが、ザハであればどんな空間を《第九》のために提案しただろうと思う。

こうした「音楽と一体になった斬新な空間設計」の先例はすでにある。磯崎新（いそざきあらた）が設計した秋吉台国際芸術村のホール（一九九八年）である。これは磯崎がルイジ・ノーノのオペラ『プロメテオ』（一九八四／八五年）上演のために構想した建物だ。というのも、『プロメテオ』では四つのオーケストラや合唱や指揮者などが、空間の別々の場所に散乱した「島」（イゾーラ）と呼ばれるボックスに、それぞれ孤立して配置されることになっていて、従来のホールの設計とあまりにも違うが故に、本来の形での上演が可能なのは世界でもここだけなのである。

ノーノのオペラ『プロメテウス』のコンセプトに合わせて設計された秋吉台国際芸術村ホールは，イゾーラ（島）と呼ばれる箱が空間を漂っているイメージで作られている
提供：大田道洋

このホールの構想について磯崎は次のようにいう。「均等な座席が舞台に対峙する、いわゆる均質性を志向している従来の近代劇場の型に対して、ここでは舞台と観客席が互換できるとともに、その舞台（観客席）としての「島」がレヴェルと方向を変えて、空中に浮遊する。演奏の場所

も選択的で、どこでも可能であり、これに対応して観客席も可変となる」（『現代思想』二〇二〇年三月臨時増刊号「磯崎新」特集、三二〇ページに引用）。秋吉台国際芸術村ホールは利用の低迷を理由に二〇一九年、山口県が廃止を検討していることを公にした。しかしこうした従来の因習では無用の長物扱いされがちだった空間実験にこそ、これからのホールのありようへのヒントが隠されている可能性は高い。

通りすがり

いうまでもないが、従来のコンサートホールもライブハウスも、ただの通りすがりは入れない。外から覗くわけにはいかない。密閉空間だからである。入るにはチケットという名の許可証が要る。一体なぜ？　もちろん理由の一つは、第一章で述べた「三密空間」に固有の宗教共同体的なものの名残りだろう。志を同じくする者だけが集う場ということだ。それは人類が地上で最もか弱き動物の一種だった遠い過去の記憶、洞穴の中で恐怖に震えながら互いに身を寄せるしかなかった時代の思い出だ。それに対して「三密」の二つ目の理由は、おそらく宗教的なもののおよそ対極、つまり資本主義の論理と想像される。すでに示唆したように、スクエア空間に詰め込めるだけ人を詰め込んで金をとり、利潤をあげるということだ。金を払わないやつは入らせない——身も蓋もないが、これは否定しようがない。

そして三つ目の理由として、「近代にあって芸術は人間のための鑑賞物となった」ということがある。「芸術が人間のため」とは当たり前に聞こえるかもしれないが、しかしかつては違った。これまた第一章で示唆したように、芸術やスポーツの起源の多くは奉納だった。ギリシャ悲劇も日本でいえば能も、屋外で行われるものだった。それらは雲に乗って通りかかった神々に捧げるものであって、人間はそこに立ち会うだけだったとすらいえるのだ。ルネサンスは古代ギリシャの半円劇場を再興しようとした。しかし一つだけ決定的な違いがあった。それは、ルネサンスにおいては劇場に屋根で蓋がされ、その天井には星と雲が「描かれた」ということだ。芝居は雲に乗った神々に見せるものではなくなった。イタリアのヴィチェンツァにあるパッラーディオ（ゲーテも大好きだった）設計のテアトロ・オリンピコは、こうした「人間のための劇場」の嚆矢である（天才的オペラ演出家ジャン＝ピエール・ポネルがここで一九八六年に上演したモーツァルト『ポントの王ミトリダーテ』の映像がある）。

いうまでもなく「新しい生活様式」においては、「換気」が強く要請されている。ただし休憩時間に扉を開けるといったことだけでは、そこにはまだ衛生学的な意味しか存在していない。扉を少し開けることで人間の空間感覚がどう変わるかを、もっと突き詰めて考えたい。一見（いちげん）さんお断り的な気配が漂う小料理屋であっても、換気のために少し扉が開いていて中が覗けると、密閉時とはまったく違う印象が生じないか？　音楽をする空間も同じだ。文字通

ルネサンス劇場の大傑作であるテアトロ・オリンピコは，古代ギリシャの半円劇場を模しているが，しかし舞台の遠くに見える海はもはやなく，空は天井で塞がれて見えない．神々に見せる劇場ではなく人間が観る劇場
提供：Marco Bellucci/CC-BY-SA-2.0

り風通しがよくなる。部外者が「なんだろう?」と覗く隙間ができる。もちろん密閉することによってしか得られない、人の集いの圧縮エネルギーというものはある。しかし外と内の空気がまじりあうことで、それまでにはなかった音楽空間が生まれることも間違いない。例えばライブの一部、苦情などが来ない静かな曲などで、扉をあけ放って外から覗き見できるようにすれば、新しいファン獲得のための格好の誘い水にもなると思うのだが。

本書の「まえがき」でわたしは、三月七日のびわ湖ホールの『神々の黄昏』以来四ヵ月近く、一度もライブの音楽を聴かなかったと書いた。だが音楽イベントがほぼ全面的に中止になっていた三月から六月半ばまでの間に、実は一度だけわたしは生の音楽を耳にしている。四月はじめのことである。勤務先への道すがら、まさに「通りすがり」の寺のお堂（百萬遍知恩寺）で、扉が開け放たれ、僧侶たちがお経をあげていたのである。あまりに荘厳な響きに胸をうたれ、近づいてみると「感染症終息平癒祈願別時念仏　どうぞご自由におあがりくださいましてお念仏をお唱えください」と貼り紙があった。一週間にわたり毎日午後一時から三時までやっているようであった。わたしは時も忘れてお堂の外でしばらく聴き惚れていた。それはこういうときに最もふさわしい「音楽」と思えた。こういう営みこそが音楽の原点なのだと強く感じた。やがてその場を立ち去ろうとすると、中から僧侶の一人が出てきてわたしを呼び止め、お札を渡してくれた。「奉修大祈願除病除災家内安全」と書いた護符であった。

この出来事はわたしに多くのことを考えさせた。そもそも音楽とは「絆」を確認したり、「感動」を消費したりするようなものだったのだろうか？　むしろ天へのお供え物のようなものではなかったか？「分け隔てなく通りすがりの人すべてに分け与える音楽」というものもあるのではないか？　件のお堂のように「閉じているのだけれど、隙間も空いていて、外から中をうかがえる空間」があっていいのではないか？

これらのことを今のライブハウスやホールにどう応用するかについては、いろいろ解決困難な現実的問題もあるだろう。しかし密閉空間に少しだけ隙間を穿ち、「閉じているのだが開いている」という風通しの部分、つまり「外」と「内」の境界領域を作ることは、まったく別の表現を切り開く端緒になると思う。そう、こんなときだからこそ、パソコンという端末の前に座しているだけではなく、こんなときでなければ考えられなかった新しい「音楽をする場」を探そうではないか。

あとがき

「集まれなければどうしようもないことがある」

コロナ禍を通してわたしたちが思い知らされたことの一つがこれだろう。つまり、「オンラインではやりようのないこともある」ということだ。

人はどうしても希望的観測を抱きたがる生き物だから、「集まらなくてもできることがあるとわかった、これからは総オンライン化の時代だ」という方向に話をもっていきがちだ。しかしだからといって、空気の共有を怖がり始めたら決定的に失われる何かがあるという事実から、目を離すことはできない。

そして「集まれなければどうしようもないこと」の極致の一つが生の音楽だ。はからずも音楽はコロナ禍によって、「集まれなくなれば人はどうなるか」を考えるための、恐るべき思考実験の最前線に立たされることとなったとすらいえるのである。

本書で書いたことは音楽だけに限った「特殊な」話ではない。三密空間を完全放棄して、何も生活が変わらない人などいるだろうか？　意外かもしれないが、科学実験だって人が集まれなくなればやりようがなくなる。友人で音楽好きの医学系研究者が、自粛要請を受けて実験室をいったん閉鎖することを余儀なくされたといって、わたしにつぶやいたことが忘れられない。「まあ実験も音楽と同じ三密の芸事みたいなものですからね……」（そして彼は「要するにわれわれも音楽と一緒で不要不急とみなされたってことですよ」と付け加えた）。いうまでもなく彼の実験対象は細胞なのだが、これを聞いて、わたしは「生きたものと空気だけは絶対にオンライン空間にはもっていけないということなのだ」と思った。

この間、世界中の人々がノアの方舟よろしく、ありったけの持ち物をもってバーチャル空間に避難移住しようとしてきた。しかし空気は、そして空気がないと生きていけないものは、つまり身体は、どうやっても「あちら」の世界にもっていけない。リアルな世界に置き去りにしなくてはならない。そして生の音楽もまた、わたしたちがリアルに置き去りにせざるを得ないことの一つなのだ。しかしこれはまた、音楽こそ人が「今ここ」のリアルを生きている最も確かな証の一つになりうるということでもあるだろう。

本書でわたしは「生の音楽をオンラインで代替できると簡単に考えてほしくない」とくどいくらい強調した。おそらくこれは多くのスポーツ選手が無観客試合で感じた違和感と同種のものだったのだろうと思う。七月十一日の共同通信（京都新聞）の朝刊に、サッカー選手の長谷部誠のインタビューが載っていたが、そこで彼は、無観客ではホームの優位や選手の喜怒哀楽や土壇場での集中力がまるで消えてしまうこと、ドイツでは無観客試合のテレビ中継など面白くないと見るのをやめたファンも多いこと、にもかかわらずサッカー業界の全体が無観客試合放映に慣れてしまっていることへのいら立ちなどについて語っていた。いわく、「スタジアムでサポーターと同じ空気を吸って臨場感を味わう、情熱や喜怒哀楽をみんなで共有することは、これから先も絶対に失われてはいけないものだと思っている。よく経済と健康のバランスといわれるけれど、それに加え「人々の思い」というものもある。そこのバランスを僕は三角形として考えている」と。——ここでも「同じ空気を吸う」という表現が使われていることに、わたしは膝を打った。

「同じ空気を吸えない」という現象と無関係でいられる人間など、間違いなくこの世に一人としていない。これはスポーツ選手や音楽家だけの問題、つまり「他人事」などではない。たとえ自覚はなくとも、今わたしたち全員が「人間は集まれなくてもなお「関係」を維持できるのか」という問いの前に立たされていて、それが音楽やスポーツに極端な形でクローズアップされていると考えるべきなのだ。わたしがさきほど、「はからずも音楽は恐るべき思考実験の最前線に立たされることとなった」と書いたのは、その意味においてである。第一章や第二章でも書いたが、芸術や芸能はただの娯楽などではなく、世界の気配を感じ取る人間社会の最も鋭敏なセンサーだ。そこに告知されているものをゆめゆめ侮ってはいけない。それらはわたしたちの社会の「今日」と「明日」が映し出される水晶玉のようなものかもしれないのだから。

本書の原稿はもともと、オンライン化を余儀なくされた大学の授業資料として、着想されたものだった。結局授業では本書の前半部分までの草稿しか配信することはできなかったが、何度か課したレポートではいろいろな刺激を学生たちから与えてもらった。とりわけ「イベント業界はこの状況下で「もつ」か、また「もたせる」ためには何が必要かについて、自分がなじんでいるジャンルに即して論じるように」というテーマでレポートを書いてもらった際には、コンサートだけでなくライブハウス、アイドル系イベント、芝居、映画、スポーツ、さらには競馬などに及ぶ、多くの領域についての斬新な意見を聞くことができた。

残念ながらこのレポートを提出してもらったときには、わたしはすでに原稿を書き終え出版社に回していたので、彼らの意見を本論に反映させることはできなかったが、せっかくなので重要な論点のいくつかを紹介しておきたい。まず非常に目についたのが、今のままの空間（コンサートホールであれライブハウスであれ）に、ただ客を間引いて座らせるのでは、経済的にも赤字が出るばかり、芸術的にも無機質でどうしようもあるまいという意見である。

この時点でわたしは空間について論じた終章を配信してはいなかったが、彼らもわたしと同じことを感じていたのだろう。バルセロナのリセウ大劇場において実施された、客席を観葉植物で埋め尽くすというコンセプチュアル・アーティストのエウヘニオ・アンプディアによる驚天動地のアイデア（本書の帯にも写真を掲載させていただいた）に、いちはやく言及していたものもあった。ただの無観客有料配信については、肯定的な意見はあまりなかった。かつての「熱い」ライブ映像がいくらでもネットで見られるのに、なぜわざわざ「今」の無観客映像をネットで見るのか、もし今ストリーミングをするのなら、今でしかできないこと、今の状況を映し出すようなことをやらない限り、ファンをひきつけることはできないだろうという意見が目立った。

イベント業界の未来をシミュレーションするうえで、コアなファンとライト・ファン、さらには新規ファンを区別して考えることが重要だとするものもかなりあった。そして多くのレポートが「コアなファンは残るだろうが、今のままではライトなファンは離れる、そして新規ファンの獲得は著しく難しくなる」という点で一致していた。わたしも同感である。イベントがもっていた社交の場としての役目や話題性の魅力はかなり失せるであろうし、そもそもライトなファンこそ、おそらくイベント業界の最も重要な経済的支えのはずで、これは本当に痛い。また有料配信で経済的にも成功したとマスコミが華々しくとりあげる事例（例えばサザンオールスターズの無観客ライブ）は、ごく一部の超メジャー音楽家に限られたものであり、そのことと「業界が全体として回るかどうか」とはまったく別問題であるとし、今のままでは「まだ無名の未来のスター」が世に出ることはほとんど不可能なのではないかという複数の指摘もあった。つまり当面は既成のスターと既成のコア・ファンでなんとか「もつ」にしても、本当のダメージはタイムラグを伴ってやってくるということである。

できあがった作品＝ステージよりもはるかに面白いのは、実はステージを作り上げていくプロセス（つまり練習）なのではないか、その部分を今までのようにクローズドにするのではなく、観客と演者とのより親密なコンタクトの機会に、あるいは聴衆が音楽家から直接いろいろ音楽について学ぶ場にできないのか、そうやってこそ、ステージと客席の熱い交流を回復させられるのではないかという趣旨のものもかなりあった。これは本書の第六章で批判的に言及した「パッケージ思考」とも重なる問題である。すなわちピカピカに完成された舞台だけを一方的に受け身で聴かされて（見せられて）、本当に音楽の楽しさを感じられるかということだ。

実際、わたしは観客数を制限したコンサートなどを訪れ、「どうして本番で客数を間引いてしまうとあんなにも寒々として見えるんだろう？　リハーサルなどを少数の関係者がいるだけのがらすきのホールで、時に小声で雑談などもしながら見るくらい楽しいことはないのに……」と思っていた。この「メイキングは完成ステージより面白い」という点は、本書の最後で論じた「通りすがり」の問題と並び、今後の打開策を考える鍵となる気がしている。またホールやライブハウスを満員にできないことを逆手にとって、「アングラ的な秘密感」という、音楽や芝居の本来の魅力を回復できないかという指摘も多くあった。

往々にして、非常時下では社会の日ごろの本音が咄嗟に出る。その意味で、ドイツやフランスなどと比べたときの今回の日本の文化行政の冷淡さについては、失望感も覚えた。とはいえ、今の状況が「経済だけじゃなくて文化も大事です、音楽は人々に感動と絆を与えられます（だからもっと補助を！）」といった擦り切れたスローガンだけで切り抜けられるようなものであるとは、わたしにはとても思えない。であればこそわたしは、一人の音楽ファンとして、「音楽はただの娯楽ではない、音楽はこんなときにあってもこんなに面白い、こんなにエキサイティングたりうる」ということを、身をもって世に示すチャレンジが見たいと強く思う。これは従来的な意味での「感動的なステージ」とは少し違う。社会に今起きていること、これから起きるかもしれないことについて、芸術は透徹した認識を示せると、広く知らしめてほしいと思うのだ。

「○○は命より大事だ」といった言い方がある。皮肉なことにコロナ禍以後、これはただの比喩ではなく、リアルな問いになってしまった。音楽好き（あるいは芝居好き、映画好き、スポーツ好き）というものは、好んで「〇〇命」といった表現をしたがるものだ。わたしだってもちろん例外ではなかった。しょっちゅう「音楽は命より……」と口にしていた。しかし新型コロナウイルスは今、「あなたにとって音楽は、命より大事なのではなくて、せいぜい命の次に大事なものだったわけですね」と、まるで悪魔メフィストフェレスのように笑いかけている気がする。本書で何度か「音楽（文化）が新型コロナウイルス感染症や衛生学の前に屈する」という表現を使ったが、それはまさにこの意味においてである。わたしはそれがくやしい。この言いようのないバツの悪さを、なんらかの形で払拭してくれる音楽を、わたしは待望している。

快哉を叫びたくなるようなクリエイティヴな音楽をこの状況下で創り出すのは容易なことではないだろう。だがヒントはあると思う。学生たちのレポートの一つに、「今こそ芸術本来の「毒」を取り戻すべき時ではないか」という意見があったが、実際わたしたちはこの数十年、「癒やし」や「感動」といった決まり文句で芸術を清潔化しすぎてきたのかもしれない。考えてみれば「笑い」なども芸術が本来もっている毒、つまり「批判」という強力な武器の一つであったはずである。ひょっとするとわたしが無意識のうちに待望しているのは、茫然自失となっている今のわたしたちの姿を戯画化し笑い飛ばしてくれる芸術、わたしたちが自分自身を笑える芸術、それでもって社会の風通しをよくしてくれる芸術なのかもしれない。

また、終章でわたしは秋吉台国際芸術村ホールや沖縄県宜野座村のがらまんホール、さぬき市野外音楽広場テアトロンなどを取り上げたが、これらがいずれも地方のホールだったことに書き終えてから気がついた。大都会型の音楽生活とは違う音楽演出の実験場という意味で、こうした地方ホール（その多くはあまり稼働率が高くないはずだ）にこそ大きな可能性があるのではないかと、今は思い始めている。秋吉台のようにホール自体がユニークな空間構造をもっていることもあろう。音楽は音楽だけで自己完結しているのではないということも思い出したい。音楽は「どこで聴いても同じ」ではなく、「どこで聴くか」がとても重要なファクターだ。聴く環境を変えてみることで見つかる新たな可能性は絶対にある。それに素晴らしい音楽とは大都市住民だけが「居ながらにして」聴ける贅沢ではないはずだし、わざわざ旅をして聴きに行くくらい楽しいことはないだろう。昔から芸術鑑賞は一種の巡礼として深く「旅」と結びついてきた。コロナ禍によって完全冷却してしまった人々の旅への憧れを、音楽によって再びかきたてることはできないものだろうか。

いずれにせよ、わたしがこんなことに思いをめぐらせるようになったのも、コロナ禍が起きたが故である。「はじめに」でも書いたように、あんなことでも起きなければ、一生わたしはこんなことを考えなかったはずだ。してみれば、今の状況を新しい芸術を生み出すための望外のチャンスと前向きに受け止めることが、わたしたちにできる最善と思うしかないだろう。

最後になるが、本書執筆にあたっては中公新書編集部の楊木文祥氏に大変お世話になった。本書は半ば衝動的な持ち込み企画に近かったのだが、それを最短距離で刊行にこぎつけることができたのは、ひとえに楊木氏のおかげである。とりわけSNS的な感覚にまったく疎いわたしの原稿に、あるときはヒントを与え、あるときは適度なブレーキをかけていただいたことに大変感謝している。それから本書第三章において「録楽」の文脈で紹介した作曲家の三輪眞弘氏とは、この間も何度か話し込む機会があり、そのたびに本当に多くのことを考えるきっかけを頂戴した。すでに二十年前から、氏の音楽には生身の人間による音楽行為がやがてオンライン・ネットワーク上の電子情報へと変貌していく近未来を予告しているようなところがあって、今わたしは不思議な既視感を覚えている。現在起きていることをもうずっと前から三輪氏の音楽の中ですでに聴き知っていたような感覚である。

本書が新しい音楽の誕生のささやかな契機となることを心から祈りつつ。

二〇二〇年七月十四日　京都北山にて

岡田暁生

岡田暁生（おかだ・あけお）

1960年（昭和35年），京都市に生まれる．大阪大学大学院博士課程単位取得退学．大阪大学文学部助手，神戸大学発達科学部助教授を経て，現在，京都大学人文科学研究所教授．文学博士．

著書『〈バラの騎士〉の夢』（春秋社，のちに『オペラの終焉』と改題して，ちくま学芸文庫）
『オペラの運命』（中公新書・サントリー学芸賞受賞）
『西洋音楽史』（中公新書）
『恋愛哲学者モーツァルト』（新潮選書）
『ピアニストになりたい！』（春秋社・芸術選奨文部科学大臣新人賞受賞）
『音楽の聴き方』（中公新書・吉田秀和賞受賞）
『リヒャルト・シュトラウス』（音楽之友社）
『すごいジャズには理由がある』（共著・アルテスパブリッシング）
『よみがえる天才3　モーツァルト』（ちくまプリマー新書）など

訳書『シャンドール　ピアノ教本』（監訳・春秋社）
『アドルノ音楽論集　幻想曲風に』（共訳・法政大学出版局）

音楽の危機

中公新書 *2606*

2020年9月25日発行

著　者　岡田暁生

発行者　松田陽三

本文印刷　暁　印　刷
カバー印刷　大熊整美堂
製　　本　小泉製本

発行所　中央公論新社
〒100-8152
東京都千代田区大手町1-7-1
電話　販売　03-5299-1730
　　　編集　03-5299-1830
URL　http://www.chuko.co.jp/

Published by CHUOKORON-SHINSHA, INC.
Printed in Japan　ISBN978-4-12-102606-4 C1273

中公新書刊行のことば

一九六二年一一月

いまからちょうど五世紀まえ、グーテンベルクが近代印刷術を発明したとき、書物の大量生産は潜在的可能性を獲得し、いまからちょうど一世紀まえ、世界のおもな文明国で義務教育制度が採用されたとき、書物の大量需要の潜在性が形成された。この二つの潜在性がはげしく現実化したのが現代である。

いまや、書物によって視野を拡大し、変りゆく世界に豊かに対応しようとする強い要求を私たちは抑えることができない。この要求にこたえる義務を、今日の書物は背負っている。だが、その義務は、たんに専門的知識の通俗化をはかることによって果たされるものでもなく、通俗的好奇心にうったえて、いたずらに発行部数の巨大さを誇ることによって果たされるものでもない。現代を真摯に生きようとする読者に、真に知るに価いする知識だけを選びだして提供すること、これが中公新書の最大の目標である。

私たちは、知識として錯覚しているものによってしばしば動かされ、裏切られる。私たちは、作為によってあたえられた知識のうえに生きることがあまりに多く、ゆるぎない事実を通して思索することがあまりにすくない。中公新書が、その一貫した特色として自らに課すものは、この事実のみの持つ無条件の説得力を発揮させることである。現代にあらたな意味を投げかけるべく待機している過去の歴史的事実もまた、中公新書によって数多く発掘されるであろう。

中公新書は、現代を自らの眼で見つめようとする、逞しい知的な読者の活力となることを欲している。

中公新書 1886 RC

芸術

k1

2072 日本的感性 佐々木健一
1296 美の構成学 三井秀樹
1741 美学への招待(増補版) 佐々木健一
1220 書とはどういう芸術か 石川九楊
1938 カラー版 フランス・ロマネスクへの旅 池田健二
1994 カラー版 イタリア・ロマネスクへの旅 池田健二
2102 カラー版 スペイン・ロマネスクへの旅 池田健二
118 フィレンツェ 高階秀爾
385 386 カラー版 近代絵画史(増補版)(上下) 高階秀爾
2052 印象派の誕生 吉川節子
1781 マグダラのマリア 岡田温司
2188 アダムとイヴ 岡田温司
2369 天使とは何か 岡田温司
2425 カラー版 ダ・ヴィンチ 絵画の謎 斎藤泰弘
2232 ミケランジェロ 木下長宏
2292 カラー版 ゴッホ〈自画像〉紀行 木下長宏
2513 カラー版 日本画の歴史 近代篇 草薙奈津子
2514 カラー版 日本画の歴史 現代篇 草薙奈津子
2478 カラー版 横山大観 古田亮
1827 カラー版 絵の教室 安野光雅
2562 現代美術史 山本浩貴
1103 モーツァルト H・C・ロビンズ・ランドン 石井宏訳
1585 オペラの運命 岡田暁生
1816 西洋音楽史 岡田暁生
2009 音楽の聴き方 岡田暁生
2395 ショパン・コンクール 青柳いづみこ
2569 古関裕而―流行作曲家と激動の昭和 刑部芳則
1854 映画館と観客の文化史 加藤幹郎
2247 2248 日本写真史(上下) 鳥原学
2606 音楽の危機 岡田暁生

哲学・思想

1 日本の名著（改版）　桑原武夫編
2187 物語 哲学の歴史　伊藤邦武
2378 保守主義とは何か　宇野重規
2522 リバタリアニズム　渡辺　靖
2591 白人ナショナリズム　渡辺　靖
2288 フランクフルト学派　細見和之
2300 フランス現代思想史　岡本裕一朗
2036 日本哲学小史　熊野純彦編著
832 外国人による日本論の名著　佐伯彰一・芳賀　徹編
1696 日本文化論の系譜　大久保喬樹
312 徳川思想小史　源　了圓
2097 江戸の思想史　田尻祐一郎
2276 本居宣長　田中康二
2458 折口信夫　植村和秀
2535 事大主義―日本・朝鮮・沖縄の「自虐と侮蔑」　室井康成

1989 諸子百家　湯浅邦弘
36 荘　子　福永光司
1695 韓非子　冨谷　至
1120 中国思想を考える　金谷　治
2042 菜根譚　湯浅邦弘
2220 言語学の教室　西村義樹・野矢茂樹
1862 入門！論理学　野矢茂樹
448 詭弁論理学（改版）　野崎昭弘
593 逆説論理学　野崎昭弘
1939 ニーチェ―ツァラトゥストラの謎　村井則夫
2594 マックス・ウェーバー　野口雅弘
2597 カール・シュミット　蔭山　宏
2257 ハンナ・アーレント　矢野久美子
2339 ロラン・バルト　石川美子
674 時間と自己　木村　敏
1829 空間の謎・時間の謎　内井惣七
814 科学的方法とは何か　浅田彰・黒田末寿・佐和隆光・長野敬・山口昌哉

2176 動物に魂はあるのか　金森　修
2495 幸福とは何か　長谷川宏
2505 正義とは何か　神島裕子
2203 集合知とは何か　西垣　通

地域・文化・紀行

t 2

560 文化人類学入門（増補改訂版） 祖父江孝男
2315 南方熊楠（みなかたくまぐす） 唐澤太輔
2367 食の人類史 佐藤洋一郎
92 肉食の思想 鯖田豊之
2129 カラー版 地図と愉しむ東京歴史散歩 竹内正浩
2170 カラー版 地図と愉しむ東京歴史散歩 都心の謎篇 竹内正浩
2227 カラー版 地図と愉しむ東京歴史散歩 地形篇 竹内正浩
2346 カラー版 地図と愉しむ東京歴史散歩 お屋敷のすべて篇 竹内正浩
2403 カラー版 地図と愉しむ東京歴史散歩 地下の秘密篇 竹内正浩
2012 カラー版 マチュピチュ―天空の聖殿 高野潤
2327 カラー版 イースター島を行く 野村哲也
2092 カラー版 パタゴニアを行く 野村哲也
2182 カラー版 世界の四大花園を行く 野村哲也
2444 カラー版 最後の辺境 水越武
1869 カラー版 将棋駒の世界 増山雅人

2117 物語 食の文化 北岡正三郎
596 茶の世界史（改版） 角山栄
1930 ジャガイモの世界史 伊藤章治
2088 チョコレートの世界史 武田尚子
2438 ミルクと日本人 武田尚子
2361 トウガラシの世界史 山本紀夫
2229 真珠の世界史 山田篤美
1095 コーヒーが廻り世界史が廻る 臼井隆一郎
1974 毒と薬の世界史 船山信次
2391 競馬の世界史 本村凌二
650 風景学入門 中村良夫
2344 水中考古学 井上たかひこ

中公新書

地域・文化・紀行

t 1